LALAA MISAKI

HORS NORMES

Brise tes chaînes et deviens toi !

Hugo New Life

Dans la même collection
Aimer les gens, utiliser les choses, The Minimalists, février 2022

Collection New Life dirigée par Valérie de Sahb
L'éditeur remercie chaleureusement Ariane Molkhou pour l'édition de ce livre.

Graphisme de couverture et mise en pages : Laetitia Kalafat
Lecture et correction : Valérie Gios
Illustrations : © Lyly_art
Les photos de l'auteur ont été gracieusement réalisées par Sébastien Tabarin

ISBN : 9782755693409
Dépôt légal : octobre 2022
Achevé d'imprimer à Barcelone par CPI BlackPrint.

À Niia & Sènjii
Vous êtes les enfants d'aujourd'hui et les adultes de demain,
je vous demande de transmettre mon message.

SOMMAIRE

AVANT-PROPOS

Je vais te mettre au parfum direct : j'ai écrit ce livre pour toi. J'ai écrit ce livre pour te donner un peu de mon expérience, de ma façon d'exister.

C'est vif, brutal, ça pique et réveille. Ne t'attends pas à de petits oiseaux roses, à des sentiments surfaits, à une réalité merveilleuse comme dans la plupart des livres de développement personnel. Je veux te donner les moyens de te construire, de réaliser tes rêves les plus intimes, tout en respectant ton *timing*.

C'est exagéré, libre, hors des normes, ça veut insuffler de l'audace et de la force d'amour à toute personne qui a le sentiment de piétiner dans sa vie, de ne pas se sentir à sa place, d'aller mal, de vivre une vie qui ne correspond pas à ses attentes.

Ne laisse pas tes rêves s'engluer dans le malheur.

Ne laisse pas les autres te dicter ce que tu dois être.

Goûte à la confiance suprême de devenir soi.

Goûte à l'audace de briser tes chaînes, de te libérer.

Si tu n'as pas peur de la tornade, c'est bon, tu peux commencer ta lecture (mouvementée).

Une dernière chose : à chaque mot que tu liras, à chaque nouvelle décision que tu prendras, fais-le pour l'amour de toi qui t'attend depuis trop longtemps.

TU ES REBELLE

REBELLE, ÇA VEUT DIRE AVOIR L'AUDACE DE S'AFFIRMER, AVOIR LE COURAGE DE VIVRE UNE VIE HÉROÏQUE, EN REFUSANT LES ENTRAVES, LES SOUMISSIONS, LES CONFORMISMES POUR S'AFFRANCHIR DU PASSÉ ET DES INJONCTIONS D'AUTRUI.

Je vais t'inviter à commencer par faire un état des lieux, comme si tu entrais dans une nouvelle maison.

ÉTAT DES LIEUX DE SOI-MÊME

1. À quoi ressembles-tu ?

2. Comment vas-tu ?

3. Comment perçois-tu ta vie ?

Après, je t'apprendrai à balayer, à nettoyer ce qui a rendu ta maison (ton corps, ton existence) alourdie par le passé, conditionnée par des histoires que tu portes en toi mais qui ne t'appartiennent pas. Des histoires qui te font revivre à l'infini des drames. Comme dans une tragédie, tu vois ? Comme si le passé projetait sur toi une ombre acide, un filtre négatif.

La plupart du temps, tu ne sais pas que tu es poisseux. Sans t'en apercevoir, tu cognes le visage de ton rêve contre la porte de ta maison, tu fais naître les bosses, cultives les fissures, les impasses, tu attires les blocages, les situations tristes ou inconfortables et tu te dis *je n'ai vraiment pas de chance.*

Je suis d'accord avec toi : tu n'as vraiment pas de chance, car elle n'existe pas. Ce n'est pas grave, tu recommenceras, et tu te cogneras de nouveau. Jusqu'à ce que tu comprennes que tu peux avoir envie d'autre chose qu'une vie normale. La normalité, cette décence qu'on a fixée sur ta rétine, qu'on t'a inculquée en famille, à l'école, dans les médias.

TU VEUX UNE VIE INSIGNIFIANTE OU TU VEUX UNE VIE HÉROÏQUE ?

Quand on décide d'habiter une nouvelle maison, quand on choisit de reprendre sa vie pour s'en déprendre, pour renoncer à l'ancienne et en prendre une nouvelle, il faut commencer par identifier quels étaient les propriétaires de cette maison. Ont-ils fait des ravalements, était-elle en ruine ? Les murs sentent-ils l'alcool, la violence, les dettes, l'abandon ?

Il faut apprendre à faire le tri entre les autres et soi, pour rendre à la cave les cauchemars de tes parents, de tes grands-parents, de toute une génération venue avant toi qui *comptait* tellement sur toi pour t'approprier l'histoire de leur souffrance, pour la porter, pour en hériter. Pour la *répéter*, la jouer sur la scène mentale de ta vie. Ne t'avise surtout pas d'être toi-même puisque tu es « nous » ? Tu deviendrais un traître à la souffrance, un traître à la solidarité de la chaîne des boulets du passé.

TU VEUX
TRAÎNER
LE BOULET
DU PASSÉ
ET SURVIVRE
INDÉFINIMENT
OU TU VEUX
APPRENDRE
À VIVRE ?

Survivre n'est pas vivre : c'est bien, tu progresses. Maintenant, tu remets les choses en question. Tu mets le monde en questions. Tu as besoin de comprendre. Tu t'instruis. Tu t'interroges. Pourquoi tu ne t'aimes pas ? Pourquoi tu penses que tu ne pourrais pas réussir ? Être follement aimé ? Tu veux donner du sens aux choses, parce que tu saisis, progressivement, que les choses ne sont pas juste des choses. Les choses ont un nom, des couleurs, un ordre, une histoire : UN CONTEXTE.

Je vois bien que tu as envie de mettre du désordre dans l'ordre de ta vie minutieusement tracé qui commence à puer la naphtaline et les non-dits.

Si les situations te semblent idiotes ou injustes, tu te donnes la possibilité d'inventer une autre voie. Tu te donnes la possibilité. Tu es rebelle aux évidences, rétif aux certitudes, aux ignorances, aux autoroutes du plus grand nombre. Tu n'es pas un nombre. Ou plutôt si, peut-être es-tu resté à l'état de chiffre indéchiffrable. Ne serais-tu pas comptable, redevable de ton histoire, asservi à ton passé par une dette ?

Y RÉFLÉCHIR

CONNAIS-TU L'HISTOIRE DE TES ANCÊTRES ?

Pourquoi crois-tu, depuis l'enfance, que ce qu'on te dit est vrai ? Qu'il faut se marier parce que nous sommes faits pour fonder une famille, que nous ne pouvons pas vivre seuls, au risque de mener une vie chaotique, dissolue, mélancolique ? Qu'il faut avoir des enfants avant trente ans, ou des bébés tout court. Ton désir

est-il d'avoir des enfants ou le *faut-il* ? Être salarié pour éviter le chômage. Ne pas refaire sa vie à l'autre bout du monde, se contenter de ce qu'on a. Pas le choix. Tenir. Endurer. Quitte à s'abrutir, à massacrer ce qui demeure en nous de respirations, d'aspirations. En chier. Parce que c'est la vie. Parce que c'est ainsi. Comment ça, ce que la plupart des gens font ne serait pas la seule voie possible ? La vérité ?

Désolée de te décevoir lectrice, lecteur, cyclope, licorne, mais je dois t'avouer que la vérité n'existe pas. Les vérités proviennent comme toi d'un pays, d'une culture, d'un milieu social. Une pierre n'est pas pierre. La pierre est ce galet blanc sur les plages de Bretagne, cette émeraude infatigable des mines du Guatemala, cette boule rouge en Martinique qui pourrait prendre feu. Il n'y a pas de pierre qui ne soit déjà pierre de quelque part, il n'y a pas de pierre absolue. Il n'y a pas de vérité absolue. Toute vérité provient de quelque part, même si tu ne sais pas bien d'où tu viens. Quand quelqu'un te parle, tu crois que c'est vrai ? Jamais de la vie. Elle serait basée sur quoi cette vérité ? Quelle réalité, quel fondement ?

Et donc toi, tu répètes ce qu'on te répète depuis tout petit. Tu t'y appliques. Applicateur de vérité. Perroquet en chef. Seulement la joie des uns n'est pas le plat préféré des autres. Cette vérité que tu crois être la bonne n'est pas ta vérité, mais celle de quelqu'un d'autre que toi, vérité parmi des milliers de pierres différentes. Tu commences à piger ? C'est quoi ton plat préféré ?

Et là, tu découvres que tu avances dans la vie sans avoir jamais pris la peine de savoir si ce que tu voulais correspondait vraiment à ton désir. Comment le pourrais-tu ? Tu prends rarement le temps d'approfondir une pensée, tu préfères accumuler les croyances, les sentences, pour faire vite, pour vite ressembler aux autres.
Ne pas risquer de différer, dissoner.
Surtout pas de conflits.
Une case, si elle est commune, c'est rassurant. Ça tangue pas.

Tu vis dans un bocal à moutons et tu crois dérouiller les vagues de Papeete.
Et le cauchemar commence.

Et en secret, tu te dis que tu es le damné de la terre, le maudit de la cité, que tu ne rencontreras jamais personne, que le monde est injuste, sombre et pourri, que si seulement quelqu'un t'aimait passionnément, si tu avais le job de tes rêves, et la fortune surtout. Et pourquoi, mais pourquoi rien ne se passe et ne se passera jamais pour toi qu'une vie médiocre ? Et tu égraines tes malheurs comme on planterait un champ de baobabs nains sur une terre stérile. Tu passes ta vie à semer le vent de tes paroles qui ne sont pas même les tiennes, mais celles que tu crois tiennes.

Rebelle ça veut dire – tu le comprends un peu plus – aller au-delà des évidences. Ne pas en rester aux mots. Trouver les choses derrière les mots, tâter leur épaisseur, leur signification profonde, identifier ce qui vibre derrière le mot. Animal c'est le mot, la chose c'est pulsion, bonds, peurs, replis, soudaineté.

Le contraire de rebelle, c'est ignorant. L'ignorance conduit à des vies de merde. Des existences soumises à la loi des autres. Oui, je suis directe. Je ne vois pas comment te le dire autrement. On t'a dit que tu ne servais à rien, et ma go, tu l'as cru. La nullité, c'est un point de vue comme on dirait que le pamplemousse est gros du point de vue du poireau. Va en parler à la pastèque. Tu n'as pas répondu aux attentes qu'on avait de toi, basées sur d'autres éducations, d'autres désirs que les tiens.

Quand tu rencontres un problème, c'est là qu'il faut te réjouir.
Un peu comme si tu devenais une sorte d'alchimiste. Pose-toi des questions, retourne le sens des mots.
Une question en entraînant une autre, progressivement, tu vas lever des anguilles sous la roche de ton obstacle.
Garde un objectif précis : celui de l'honnêteté avec toi-même.
Considère tes questions comme le départ d'une nouvelle question.

ÉTAT DES LIEUX : AVANCER PAR QUESTIONS

Pourquoi as-tu peur d'être rejeté ?

Être rejeté veut-il dire que tu ne serais pas aimable ?

Et pourquoi on ne pourrait pas t'aimer ?

On ne pourrait pas t'aimer ou fais-tu en sorte qu'on ne t'aime pas ?

Tu es conditionné. Nous sommes tous conditionnés à être des enfants sages, de bons élèves qui n'allons surtout pas perturber l'ordre du monde. Ne pas dire que ça ne va pas. Ne pas reconnaître qu'on pense à autre chose, à une tout autre vie, à quitter Saint-Ouen pour Rio, à une autre femme, un autre mec. Ne pas choisir le métier dont on aurait rêvé (Chercheuse en biologie ? Danseur ? Chef étoilé ?). Oublie. On n'a jamais vu ça. Pas correct, pas le choix, trop tard, tellement trop tard. Et puis, ne surtout pas remettre en question la parole des anciens. Les Principes de Vie Éclatés au Sol.

On t'a inculqué une histoire de famille qui existait avant toi et on t'impose d'en accepter les règles – histoire qui n'est pas la tienne, qui est celle des tiens, tu saisis la nuance ? Tu es une marionnette garée au parking et tu vas droit dans le mur. Pas de chance, hein ?

Devenir rebelle consiste à écouter son instinct. À passer les vitesses, les intensités. Tu vas choisir une bonne fois pour toutes ta manière d'être, et cesser d'effleurer les gens dans le sens du poil, tu vas les caresser dans le sens de la griffure. Au lieu de chier dans la colle. Tu verras, au début, ça fait drôle. On a l'impression d'être un méchant humain qui ne fait pas ce qu'on lui dit, qui ne pense qu'à sa gueule, qui a des idées farfelues, ridicules, délirantes. Comment ça devenir danseuse professionnelle à 110 kg ? Comment ça devenir guide de haute montagne ? Comment ça partir à Burning Man ?

Quand j'ai voulu être mannequin, je ne te raconte pas les refus, les condescendances, les portes qui me refroidissaient le cœur. On me regardait avec mépris, avec dégoût. Et j'aurais dû être victime de la pourriture des autres ? En rester aux noirceurs ?

À QUEL TITRE JE VAIS VIVRE DANS UNE POUBELLE ?

J'ai continué. Je n'ai pas lâché *ma* vérité, *mon* désir, *mon* objectif. Je ne me suis pas soumise aux jugements des autres. Je me suis rebellée. Je suis aujourd'hui dans la plus grande agence de mannequins.
À force de travail et d'obstination.
À force d'affirmation.
Pas grâce à la chance. La chance, je te la laisse.

Donc après un coup pareil, il te coulera dans les veines la chaleur de la transgression – *je l'ai fait, je l'ai fait* –, ce goût puissant de légèreté qu'on nomme l'ivresse. Comme si tu t'allégeais de tous les poids, de tous les obstacles du monde. Oui tu peux faire des erreurs. Tout le monde commet des erreurs. Sauf les crevards assis sur leurs rêves de poussière.

Je ne vais pas te demander de te rebeller pour te rebeller. Je ne te demande pas de t'agiter, de faire du bruit.

Y RÉFLÉCHIR

AGIR N'EST PAS S'AGITER.

Être rebelle pour être rebelle n'a aucun intérêt, je vais te demander de soulever les évidences, de les craquer les unes après les autres comme si tu faisais un feu avec ton esprit, de l'affûter comme une lame brûlante entaille un morceau de béton, de conduire ton énergie et de te dominer. Je vais te demander de devenir renard, aigle, stratège mais de prendre ton temps. Laisse-toi le temps de devenir intelligent. Domestique ta puissance.

Chaque être humain doit rompre les liens toxiques qui ne le concernent pas. On emmène tous un héritage. Des drames. Des poids de génération en génération, des malédictions. Des péripéties. Des épreuves. Devenir rebelle consiste à poser des questions sur cette histoire, au risque de poursuivre un schéma destructeur, au risque de reproduire des secrets de famille, des traumatismes inavouables, des guerres, des maltraitances, des haines mal cuites, jamais digérées.
Devenir rebelle consiste à partir de là où ça fait mal.
Qu'a-t-on voulu pour toi qui occulte, recouvre ce que tu veux pour toi-même ?

QUELS SONT
CES
CAUCHEMARS
QUI
ALOURDISSENT
CHACUN
DE TES PAS ?
QUELLE EST
CETTE OMBRE
QUI PÈSE,
SOUFFLE ?

Pour le savoir, il va falloir que tu mènes une ENQUÊTE. Il faut que tu dénoues tes pelotes de peurs, que tu clarifies ton magma de souffrance pour repartir autrement. Si tu ne mets pas un nom sur ta peur, comment pourrais-tu t'en éloigner ?

La peur.

Le manque de confiance en soi et en l'autre.

La peur du scandale.

La peur qui rend tactique, paranoïaque.

Combien de gens ont peur d'appeler leur boulot parce qu'ils sont malades ?

La peur régit tout.

La peur de l'inconnu. La peur de se dire qu'il existe autre chose.

La peur d'être heureux.

La peur engendre la peur et on finit par ne plus profiter de celui qu'on aime, de l'instant présent, par peur de le perdre.

Ne plus rien faire de peur que tout s'arrête.

STOP !

Je vais te demander d'approcher les zones d'ombre de ton histoire.

De mener une véritable enquête.

D'aller chercher si tes peurs appartiennent à tes parents, à l'histoire de ton pays, à une époque historique particulière (un exil, une guerre, une ruine ?), à d'autres événements, phénomènes que toi. Identifier nos problèmes consiste à remonter le fleuve de notre histoire familiale : quelle était la situation sociale de ceux qui m'ont précédé ? Leurs métiers ? Leurs épreuves ? Comment les gens sont-ils morts ?...

MÉTHODE : MENER L'ENQUÊTE

Tu vas commencer par exprimer une croyance négative.
Prenons mon histoire.

DE QUOI AVAIS-JE PEUR ?
J'avais peur d'être abandonnée.

À QUELS MOTS FAIT PENSER CETTE PHRASE ?
Abandon - Oubli - Mort - Humiliation

QUELLE IMAGE POUR ILLUSTRER CES MOTS ?
Une petite seule et sale au milieu de nulle part.

QUELS FAITS DE MON HISTOIRE FAMILIALE ?
Un père et un grand-père qui ne voulaient pas que je naisse.
Une mère qui a eu un père tyrannique, et peu présent.
Un grand-père qu'on a cru mort et qui ne l'est pas.
Un exode avec des conditions de vie indécentes et sales.

Je continue.

Mon père ne me désirait pas. Mon grand-père voulait faire avorter ma mère. Les hommes de ma vie ne me désiraient pas, ils m'ont abandonnée. Jusqu'au jour où j'ai compris qu'il fallait redonner les mauvaises pensées à ceux qui me les avaient léguées. Retour à l'envoyeur, et surtout pas merci. J'ai mené mon enquête. Je suis retournée à mon moi profond. J'ai essayé de comprendre d'où je venais, comment les gens pensaient dans ma famille, dans quelle histoire j'avais grandi, pourquoi j'étais terrorisée à l'idée d'être abandonnée par les hommes.

Je suis devenue celle que je suis par rapport à mon enfance. Je suis allée gratter. J'ai compris ma relation avec les hommes. Aujourd'hui, je peux être une femme désirable, je travaille à ma paix. Famille, je ne te ressemblerai pas.

On est un corps qui sort d'un corps qui sort d'un autre corps. Un corps à qui on a transmis des traumas. Se rebeller contre l'ordre de la vie, de la famille, ce n'est pas tout rejeter, c'est laisser les choses qui font du mal, c'est se rebeller contre le malheur. C'est lâcher son caca de souffrance. C'est prendre conscience qu'il y a une vie possible, meilleure, autre.

Si le dialogue avec ta famille n'est plus envisageable, brise les chaînes. Coupe les liens toxiques, les croyances toxiques avec toute idée qui te dérange, qui bousille ton énergie, qui t'empêche de réaliser ton aspiration profonde.

Ne laisse pas le malheur s'engluer à la surface de tes rêves.

Cherche la profondeur, descend en toi-même.

Devenir rebelle te permettra d'avancer sans entraves. Rebelle t'amènera à tutoyer le monde. À ne pas ressentir de frontières avec les autres. Quand je te dis que je peux tout à fait rencontrer Beyoncé en la considérant comme une amie au même titre qu'une autre, les gens me prennent pour une cinglée. Rencontrer Beyoncé ? La considérer comme une amie ? Quoi d'autre, mytho ?

La hiérarchie n'existe pas, toi seul connais la direction de tes rêves. Le chemin n'existe pas, tu es le chemin.

TU ES LA DIRECTION

CE N'EST PAS QU'IL FAUT TROUVER LA BONNE DIRECTION D'UN CHEMIN, C'EST QUE NOUS SOMMES LA DIRECTION DU CHEMIN. IL N'EXISTE PAS D'AUTRE VOIE QUE CELLE QUE NOUS TRAÇONS PAR NOS CHOIX. QUELLES SONT TES INTENTIONS, TES DÉSIRS VÉRITABLES ?

Imaginons maintenant que tu aies le permis. Prenons l'image de ta voiture qui se déplace d'une direction A à une direction B. Tu vois que la voiture va d'un point à un autre, elle ne tourne pas en rond comme toi, elle ne reste pas bloquée au parking du Super U des Boloss, elle ne cale pas tous les 10 mètres, en enterrant ses rêves les plus intimes, les plus intenses, au prétexte qu'on lui a dit qu'elle n'y arriverait pas, qu'on estime que c'est trop loin pour elle, pas pour elle, trop dur, qu'on pourrait faire une pause chez McDo pour récupérer. Récupérer quoi ? S'économiser, tu veux dire.

Une voiture roule comme toi tu es fait pour vivre : simplement, merveilleusement, avec passion.

LE CARBURANT, C'EST TON DÉSIR. LA CONCENTRATION SUR LA ROUTE, C'EST LE TRAVAIL AUQUEL TU VAS T'ASTREINDRE POUR NE JAMAIS PERDRE DE VUE LE MERVEILLEUX DE TA DIRECTION ET DE TES OBJECTIFS.

Regarde encore ta voiture. Vois comme elle se persuade, te persuade que tout dans la vie est chemin, apprentissage, construction. Tout part d'un point A pour aller à un point B. Tout part. Tout part d'une intention, d'un désir. Tout est question de départ, il s'agit de bien savoir d'où on part, de quoi on se sépare, pour se rendre à un autre point, vers une autre direction. Quel est ton désir ?

QUEL EST CE RÊVE HORS NORMES ENFOUI AU FOND DE TES TRIPES ?

Je ne te parle pas du souhait de payer ton loyer – on te trouvera des moyens de gagner ta vie –, je te parle du désir que tu as abandonné, de celui que les autres ont estimé inatteignable pour toi, mauvaise bête que tu es. Ce désir qui n'appartenait qu'à toi-même et que les autres ont piétiné, je vais te demander de le reconsidérer. Je vais te demander de considérer que tout ce que tu vas vivre à partir de maintenant sera le résultat de ton propre choix. Tu es en train de comprendre. Tout dans la vie est question d'intention.

ÉTAT DES LIEUX : RECONNAÎTRE UNE INTENTION

1. Je suis professeur d'économie **mais mon intention était de travailler pour une ONG.**
= De qui provient l'intention que je sois enseignant ?

2. Je vis à Paris **mais mon intention était de vivre au Brésil.**
= De qui provient l'intention que je vive à Paris ?

3. Je travaille comme commercial **mais mon intention était de devenir chanteur.**
= De qui provient l'intention que je sois commercial ?

4. Je suis assistante de direction **mais mon intention était de diriger une entreprise.**
= De qui provient l'intention que je sois assistante de direction ?

Prendre du temps pour soi, c'est prendre le temps de faire apparaître ses intentions inavouées, en les libérant de leur zone de refoulement, qui va faire que plus tu te connaîtras, plus tu sortiras ta vie de l'oubli, et plus tu pourras augmenter la distance qui va de A à B, qui ajoutera C, M, T, pour accroître tes rêves, déployer ton chemin, augmenter ta puissance. Tu as compris, il va falloir te sauver toi-même avant de vouloir t'enterrer dans une vie normale. Et surtout : il va falloir te sauver toi-même avant de vouloir libérer le monde. La société n'a pas besoin de gens normaux, mais d'êtres singuliers, légers et solides à la fois : émancipés.

Je vais te proposer de commencer par te lever. Ne compte pas sur moi pour venir te réveiller le matin avec des super aliments. Personne ne viendra jamais te chercher en te proposant d'écrire une série pour Netflix. Netflix n'a pas besoin de toi. Netflix n'a jamais entendu parler de toi. Je prends cet exemple parce que c'est ce que je désire. Comment vas-tu faire ? Tu vas prendre ta voiture pour cheminer d'un point A à un point B ?

MÉTHODE : VISUALISER DES ÉTAPES

Tu vas commencer par visualiser la ligne d'arrivée.

Dear Lalaa, Your documentary has reached 5M view from the very first week. We have never seen that before !! Come celebrate with us !

Tu vas maintenant décomposer toutes les étapes qui ont précédé ton déjeuner chez Netflix. 10 ? 50 ?

FAISONS L'EXERCICE EN 7 ÉTAPES.
Choisis de visualiser autant d'étapes qu'il faudra, autant de moyens à préciser pour passer d'une étape à une autre.

ÉTAPE 1. Écrire directement au PDG, en 8 lignes, comme si tu pitchais à Hollywood.

ÉTAPE 2. Créer des liens avec Netflix, prouver ta légitimité, comprendre comment ça fonctionne de l'intérieur, comprendre précisément ce qu'ils recherchent.

ÉTAPE 3. Créer les opportunités pour rencontrer les bonnes personnes qui te conseilleront.

ÉTAPE 4. Réécrire un autre scénario.

ÉTAPE 5. Accepter que le premier scénario soit un échec, comprendre la critique, comprendre pourquoi ça ne fonctionne pas.

ÉTAPE 6. Écrire un scénario.

ÉTAPE 7. Visualiser un scénario.

Dans toute progression, on consolide une envie. Le chemin de la construction nous paraît long, mais long, on est très loin du but. Ta vie sentimentale ne décolle pas ? Tu en as marre ? C'est long, et ce sera toujours long de construire quelque chose de beau, la patience est mère de la construction.

Les gens vivent dans une société où tout va très vite. *Dix mois que j'essaye, j'ai roulé ma bosse et niet.* On se focalise sur le résultat. Mais j'ai envie de te dire : travaille davantage ou travaille mieux. Ou alors décourage-toi, va pleurer dans ta vie minable. Les gens ne veulent pas faire d'efforts. Tu désires quelque chose ? Les gens refusent de se dire : *il faut travailler, il faut devenir une teigne.* On est dans l'illusion de croire que c'est plus facile pour ceux qui réussissent. Ce n'est facile pour personne. Les objectifs sont hauts pour tout le monde, mais certains décident de poursuivre, de s'obstiner.

Fonctionne par étapes. Accepte de bouffer de la saucisse et du riz pour un temps.

ACCEPTE
LE DUR
LABEUR,
AVANT
QUE LES
GRAINES
NE PERCENT
CLAIREMENT
LA TERRE.

Tu ne vois pas le labeur derrière les rêves. Tu penses que les choses peuvent s'acquérir facilement. La richesse. La santé. Les rêves. Et tu envies la lumière des autres. Tout le monde peut briller en fonction du travail de chacun. *Ah la chance, moi je veux ça !* Tu crées ta malchance. Tu fabriques une mauvaise énergie que tu envoies aux autres. Il faut savoir respecter le travail des gens. Avoir conscience du travail des autres. Les autres ont plus que toi au départ ? Donc ? Arrêter tout ? On ferme les volets et on se fout en boule ? Une vie consiste à construire sa chance en prenant des directions, en affirmant des choix.

Tes choix ont des conséquences. La neutralité et l'innocence n'existent pas, seules les causalités existent. La chance *Bonjour, je voudrais un hamburger qui tombe du ciel et atterrit directement dans ma bouche*, ça n'existe pas.

Choisir une direction, c'est visualiser un fleuve, avec des possibilités, des affluents, des chemins qui sautent de pierre en pierre. Toi tu es le ninja de la dextérité, qui navigue entre les cailloux et les rencontres. Si tu vas toujours dans la même direction, tu vas te taper le même problème comme se heurter la tête contre un mur. Tu dois t'interroger si tu tombes toujours au même endroit.

C'est comme apprendre à marcher. Tomber une fois, deux fois, trois fois, puis lever plus haut le pied, choisir la bonne direction pour ne pas se prendre la marche, et cesser de tomber. Ou plutôt : tomber mieux.

Parfois, il faut aussi avoir l'intelligence de renoncer, pour identifier la bonne direction. Tu as du courage, tu es arrivé à la moitié de ton objectif et tu n'en peux plus et bien tu redescends, mon renard. Tu n'as pas été jusqu'au bout, car le chemin est dur, douloureux. L'altitude t'empêche de respirer. Mais hors de question de regretter quoi que ce soit.

Combien de projets sont tombés à l'eau, car j'ai compris qu'ils n'étaient pas pour moi ? J'y suis allée, mais au fond de moi, je savais que ce n'était pas pour moi. J'ai affiné ma direction, clarifié mon désir. Pourquoi se rendre dans des zones où on n'est pas à l'aise ? Tout le monde veut devenir influenceur, mais sommes-nous tous créatifs ? Les stars du web créent du contenu, tu es peut-être un bâtisseur.

Les gens ont des projets, mais vont rarement jusqu'au bout, et se mettent à dénigrer les autres. Ils vont bouffer de la médiocrité. Tu vois les gens briller parce que tu perds ton temps à désirer ce que les autres ont.

Au commencement du rêve, il ne faut pas se comparer. On ne construit pas tous la même maison, nous n'avons pas tous le même plan à l'esprit, le même cadrage, les mêmes reins, les mêmes épaules. On ne construit pas la même chose. Comment se comparer ? Ça ne sert à rien. Nous avons tous un talent, mais nous ne sommes pas tous faits pour exercer le même métier. Il y a des reins entrepreneurs. Des reins salariés. Des reins directeurs.

Tu peux travailler dans la grue pour construire l'immeuble. Tu peux établir le plan de l'immeuble. Tu peux bosser dans l'immeuble. Les êtres humains sont complémentaires.

Pourquoi tu n'y arrives pas ? Ce n'est peut-être pas ton talent, ton truc.

POURQUOI VOULOIR TOUT FAIRE ET NE PAS SE CONCENTRER SUR LE DOMAINE OÙ TU EXCELLES ?

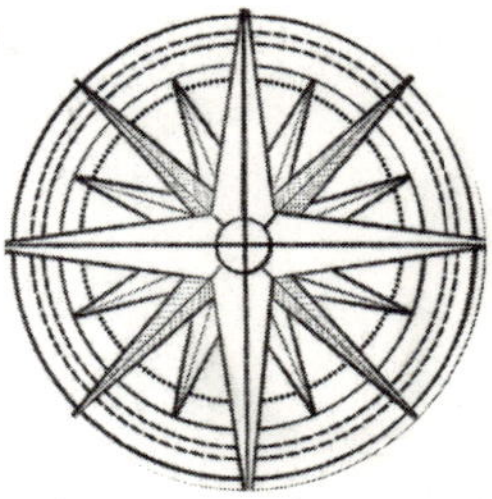

Je préfère me diriger vers l'excellence, au lieu de disperser mon énergie.

Tu pars sur un chemin difficile, tu quittes une vie difficile pour du difficile. Ta vie est nulle et tu n'en peux plus. Mais le chemin n'est pas nul tout le temps, il faut t'accrocher à ton cap, ton désir doit devenir un muscle.

Sache qu'il existe des solutions dans cette longue période de construction, tu peux alléger ton chemin, te faire aider. Rajouter des étapes pour te laisser un espace où respirer, décompresser. Tu peux prendre tes dispositions pour ne pas te mettre en situation de difficulté : recruter une assistante, faire équipe avec un coach, effectuer des pauses tous les dix jours ou trois mois selon ta capacité de résistance, organiser des départs différés.

Réussit-on à faire de sa vie un rêve en respectant les étapes ? Nous en étions au petit déj', il va falloir te faire respirer un autre air. On va ajouter à ton carburant de l'audace qui fait que tu ne vas pas rouler vers l'arrivée, tu vas y voler, tu vas courir, non pas comme un forcené, tu vas courir légèrement, sans plus jamais t'arrêter de travailler pour – non pas atteindre tes objectifs – mais faire que ce soit les objectifs qui te rejoignent, un peu comme dans l'art du tir à l'arc.

Y RÉFLÉCHIR

« IL CONVIENT QUE, SANS AUCUNE RÉFLEXION, DIRECTION OU CONTRÔLE, L'ACCOMPLISSEMENT EXTÉRIEUR DE L'ACTE SE DÉROULE DE LUI-MÊME.[1] »

Et c'est là que ça devient magique. Tu n'as fait que travailler. Tu t'es concentré jour et nuit sur tes étapes. Tu as tellement bossé depuis des mois, des années, que tu n'as pas vu que ton mental, ton esprit était devenu plus souple, plus chaud, plus félin. L'audace est devenue ta peau.

Tu commences à connaître ton sujet, si bien que tu ne travailles plus, tu tentes, innoves, tu slames à travers le béton. Ta vie ne ressemble à aucune autre vie. L'audace est devenue ton corps, ton corps dépasse l'entendement et les limites que les autres ont voulu te donner. Tu es la vie, la vague qui surfe sur le souffle illimité de tes rêves, tu sais maintenant où aller. Allume ta puissance.

1 Le philosophe E. Herrigel, *Le Zen dans l'art chevaleresque du tir à l'arc.*

TU ES LA LUMIÈRE

CHAQUE JOUR DE NOTRE VIE EST UNE VICTOIRE CONTRE LA NOIRCEUR. IL NOUS FAUT TENDRE VERS LA LUMIÈRE, LA FAIRE NAÎTRE QUAND ELLE N'EXISTE PLUS, LA SAUVER DU GOUFFRE DE NOS OBSTACLES, LA PÉTRIR INLASSABLEMENT. IL NOUS FAUT NOUS RESSOURCER PAR L'INTÉRIEUR ET ALORS : APPARAÎTRE.

Tu es visible, enfin. Tu es sorti de ton refuge, de ta planque, de l'exil. Tu habites la profondeur de ton désir, la lumière peut irradier, te réchauffer, te traverser, et alors, tu deviens visible pour les autres. Le soleil te trace la route parce que tu as fait jour en toi. Le bon comme le mauvais apparaissent. Enfin, tu as accepté de te montrer à toi-même et aux autres dans ta vérité, de révéler qui tu étais, sans craindre le jugement, la salade des opinions communes, les normes sociales, familiales et autres gommes à mâcher mentales. Tu acceptes le jour, tu acceptes la crudité du jour. Tu acceptes d'être vu. Tu acceptes d'avoir une place dans le monde. D'ailleurs, on ne voit plus que toi. Ce qui vibre en toi.

Bien sûr, la lumière ne brille pas aux mêmes heures, elle n'est pas la même pour tous, tout dépend de ce qu'on traverse, d'où on en est de son introspection, de son cheminement. Tu es la lueur d'une bougie, petite mais tenace, tu es le soleil téméraire qui tranche dans le vif, tu es la lumière diffuse du jour, généreuse et intense. Ce n'est pas que tu es la lumière, c'est que la lumière te reflète, te permettant de découvrir qui tu es, de *dé-couvrir* l'ombre qui te recouvrait, t'occultait. Pour accepter enfin d'être un être humain qui s'accueille.

Et pourtant, comme moi, tu viens de loin. Comme moi, tu as commencé par mourir à petit feu. Comme toi, j'étais morte avant l'heure, engluée dans une fausse vie, perdue dans les sables.

Je dois te dire que je suis triste pour cette fille que j'ai été. Mais je n'ai pas honte d'en parler. Je n'ai honte de rien. J'étais cette fille qui refusait d'avoir une relation sexuelle dans la lumière. Alors que maintenant je fais l'amour droit dans les yeux. Je rentre dans les yeux de l'autre. J'étais cette fille qui voulait disparaître. Qui refusait la lumière, j'avais peur d'être moi. Je n'osais pas être moi. On ne voulait pas que j'existe. Je ne voulais pas exister. J'étais cet animal sauvage qui se cachait. Cette petite qui ne faisait pas de bruit, rien, n'existait pas, la lumière ne voulait pas sortir de mon corps. J'étais devenue un astre sombre – une inutile – par peur, juste la peur : peur d'apparaître, peur de prendre une place dans le monde, de prendre la place des autres.

La plupart des gens ne connaissent pas la totalité de leur être. Ils naviguent avec des ornières sur leurs yeux, avec des obus dans les oreilles. Pas d'ouverture, rien que des masques contre soi, des écrans illisibles qu'on démultiplie pour se fuir. Et ils avancent, souvent à toute allure, sans savoir vraiment qui ils sont, où ils pourraient aller, comment il pourrait en être autrement. Un peu comme s'ils se tenaient toute leur existence dans une mansarde avec une fenêtre minuscule, et qu'ils voyaient le monde à travers les deux mètres carrés de barreaux sans jamais sortir de chez eux. Souvent quand on leur demande de quoi ils auraient envie, comment ils envisagent leur futur : ils répondent : ***Je ne vois pas.*** **Ils sont aveugles d'eux-mêmes. Sans connaissance d'eux-mêmes, sans direction pour eux-mêmes. Ballottés, puis malmenés par la vie. Pétrifiés comme des épouvantails.**

Est-ce que tu fais l'amour dans le noir ou dans la lumière ?

Peux-tu me jurer qu'il n'y a pas de différence ?

Beaucoup de gens refusent de savoir qui ils sont, se croyant protégés dans le noir, frigorifiés dans la salle d'attente de leur psyché, de crainte de découvrir qui ils sont. Je vais te dire qui ils sont. Je vais te dire quelque chose que j'aimerais que tu n'oublies jamais :

IL SUFFIT
DE BOUGER
LÉGÈREMENT
DE PLACE,
DE SE
TOURNER,
POUR
RECEVOIR
LE SOLEIL
EN PLEINE
FACE.

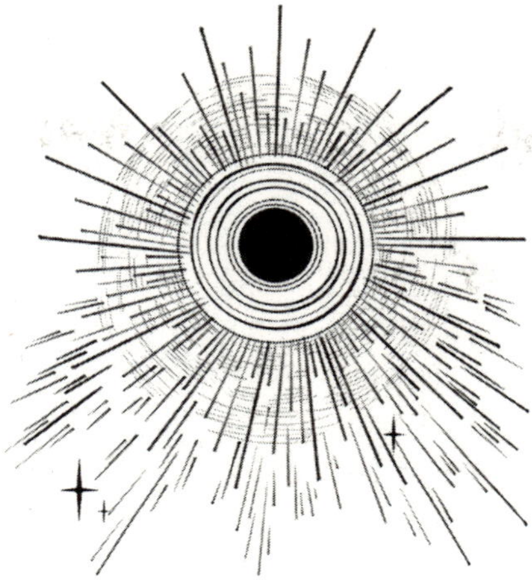

L'ambition d'une vie est de changer de place. Parfois, on passe une existence *le soleil dans le dos*, et on a froid et on cumule les crasses. On est abonné aux merdes. Revenons à toi.

Tu ne veux pas être vu de peur qu'on te juge. Tu supposes le plus souvent le jugement des autres qui n'est, la plupart du temps, que le tien. Tu imagines des propos, des pensées chez les autres dont tu n'arrives pas à admettre qu'ils t'appartiennent. Tu reproches aux autres leur conformisme ? Tu reproches aux autres leur tonalité ? Tu reproches, tu reproches, tu reproches. Ne serait-ce pas plutôt toi le conformiste ? Toi, l'agressif ? Est-ce que tu ne projetterais pas sur les autres ce que tu gardes à l'abri en toi, bien à l'ombre ? Car tu manques terriblement de confiance en toi. Je ne suis pas loin de ta vérité n'est-ce pas ?

Le point de départ, je vais te le dire, c'est que tu te sens invisible. Et tu l'es. Totalement insignifiant. Neutre comme un pot de yaourt pas même périmé, sans saveur : ni sucré, ni salé, ni chaud, ni froid. Tu vis dans la cave de ton désir, tu es transparent aux yeux des autres, sans vraiment de goût : plat, banal, inexistant, chiffon mou. C'est dur à entendre. Et pourtant, tu le reconnais. Tu le sais. Tu es cette personne qu'on n'écoute pas, qu'on ne voit pas, qui ne parle pas.

D'accord, tu en as assez de cette expression que tu as lue des milliers de fois : CONFIANCE EN SOI. Ça veut dire quoi avoir confiance en soi ?

Ça signifie faire des choses folles comme se foutre totalement des critiques contre soi. ASSUMER D'ALLER CONTRE le courant. Assurer ce qu'on veut, ce à quoi on croit, ce qu'on pense maintenant, comment on s'habille, comment on répond à quelqu'un fermement et calmement, publiquement, au risque de ne pas être aimé, de susciter du conflit, de la jalousie, des baves. Être dans la lumière, c'est faire confiance à *sa* lumière, c'est la faire jaillir. Et non pas demeurer en repli, où personne ne te voit, sans besoin de se coiffer, de se laver, de se heurter, de se confronter, de se frotter aux autres. En acceptant que la lumière se reflète sur toi, tu deviens fenêtre : tu ouvres les horizons.

L'image de toi-même peut être crue, cette vérité que tu vas découvrir te faire mal au début. Si on plonge dans la vérité, on s'effondre. On fait tomber les masques, mais c'est douloureux. C'est salutaire. Toutes ces années qu'on ne pourra pas rattraper. On va faire quoi des prochaines années ?

Tu peux aussi choisir de faire le jour progressivement sur toi. Il faut savoir aller à son rythme, s'habituer à être nu, à être vrai avec ses pensées.

Le but n'est pas de se faire mal. Mais d'accepter de mettre en lumière les choses qui font mal. De mettre la lumière sur ce que tu fais endurer à ton corps depuis des années, en l'oubliant, en niant qui tu es.

Pardonne.

PARDONNE
TES
OUBLIS
QUI
ONT ÉTÉ
DES
CHOIX.

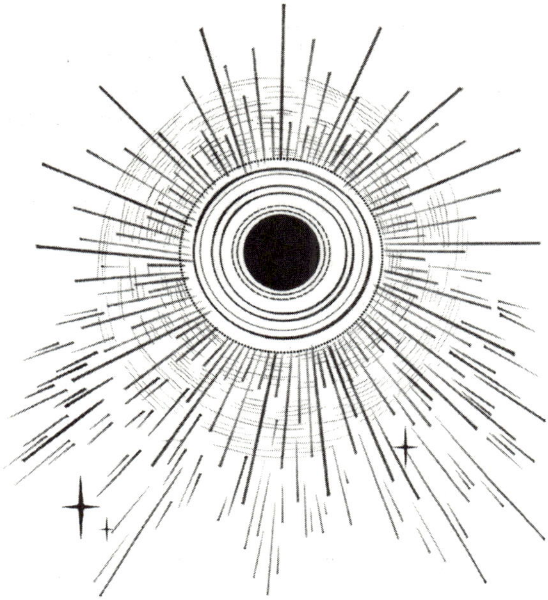

Accepte d'être ce nouveau jour, puisque chaque jour est recommencement, chaque jour est une possibilité de recommencer, à une autre vitesse, sous une autre altitude.

Il est temps de te regarder, de t'écouter, de comprendre comment tu fonctionnes, dans quel corps tu vis, dans quel avenir tu veux aller, quelle tombe tu creuses. Dans l'ombre, on ne voit pas.

Obscurité. Voir. Doucement.

Tu as le pouvoir de mettre l'interrupteur où tu le souhaites. Tu peux moduler.

Accepte. Décide.

Mets la lumière sur ton être profond. Légèrement.

Le contraire de léger et profond, c'est lourd et artificiel.

Commence par faire une liste des mirages que tu te portes : les falsifications de premier abord ne sont plus pour toi. Tu connais ta vérité.

ÉTAT DES LIEUX : FAIRE LA LUMIÈRE SUR SOI

Quelles sont les peurs que tu ressens au quotidien ?

Quels sont les empêchements que tu ressens au quotidien ?

Quelles sont les douleurs que tu ressens au quotidien ?

SI ON NE CONNAÎT PAS SA PART D'OMBRE, COMMENT APERCEVOIR SA LUMIÈRE ?

J'ai accepté qui j'étais. J'ai allumé derrière ma peur. La plupart des gens préfèrent être transparents, ils refusent qui ils sont et enchaînent les actes manqués. Les trahisons. Les histoires d'amour ratées par peur d'y aller. Les voyages que tu ne feras jamais. Le déni. Tout ça tu connais. On ne veut pas affronter. On ne veut plus que ce soit plus douloureux. Oui, c'est douloureux. Oui, on a conscience de la vérité, mais on refuse de l'affronter. On, c'est toi. Je te parle de toi avec un pronom impersonnel, neutre. Tu saisis ? Ne pas affronter la réalité telle qu'elle est, c'est renoncer à vivre dans le monde de façon personnelle, subjective.

Fais naître de la lumière. Accepte la vérité que tu vois avec tes yeux. Le but est d'apprendre à recevoir cette lumière pour trouver ta puissance de rayonnement. Pas ce qui est beau, mais ce qui est toi. Pas les artifices de la célébrité. Pas de la pacotille à mâchouiller. Je te parle de la lumière que même un aveugle pourrait percevoir. Aura. Rayonnement. Profondeur. On part du soleil. Qui se reflète sur la lune qui rebondit sur chaque étoile. Et avec un peu de chance, tu rencontreras le poète qui écrivait quelque chose comme ça :

Y RÉFLÉCHIR

« C'EST VRAI QU'IL Y A AUSSI DES ÉTOILES (...) QUE BRÛLER LEUR DONNE EN FRUIT LA LUMIÈRE.[2] »

Accepte la vérité de toi-même. La puissance de toi-même. Propre à chacun. Tu es fière. Tu es vaniteux. Tu manques de courage. Tu es un paresseux. Tu manques d'assurance. Tu te vois. Tu pleures. Ouvre les volets. Je suis bête. Tu es incapable d'ouvrir les volets. Ah voilà, tu te réveilles ! Ne me laisse pas écraser ta lumière. Ne laisse plus personne jamais t'écraser.

La lumière, c'est se donner le pouvoir de voir ce qu'on va voir. Tu as le pouvoir de te voir. Aujourd'hui, tu peux faire le choix de ta réalité, de ton monde.
Redéfinir. Répartir. Retrouver.
Reboot. Reseat.
Se réapproprier. Se rencontrer.
Débranche. Rebranche.
Ton monde. Ta réalité.
Tes univers, tes saisons.

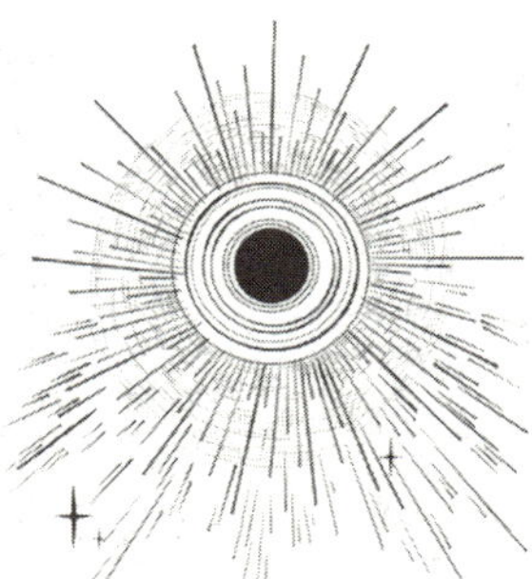

2 Le poète E. Guillevic, *Terraqué*.

TU ES LES QUATRE SAISONS

**TRAVERSER L'EXISTENCE
EN APPRENANT À NAVIGUER
ENTRE LES BONNES ET
LES MAUVAISES ÉMOTIONS,
LES FRAGILES ET
LES FORTES, COMPRENDRE
QUE TOUT S'OPPOSE,
QUE TOUT SE REJOINT,
ET QUE TOUT PASSE.**

Tu sais que la tempête peut arriver mais qu'elle passe. Tu sais que tu peux avoir le droit de te retirer du monde, et même de façon excessive, en n'adressant plus la parole à personne si tu en as envie, en débranchant les parents, les amis, les collègues, les mails, et même désinstaller Insta. Ce n'est pas mal ou bien, mais ce qui te convient, cela correspond à ton envie, à ton urgence.

Tu peux être triste, ou ne rien foutre pendant des heures, sans en faire un drame, parce que tu as enfin compris que les émotions viennent, vont et bougent en toi. Tu ne t'effondres pas quand il fait mauvais. Tu acceptes la transition. Tu sais passer de l'émotion vive à des moments calmes, voire insipides. Tu ne mets pas tout sur le même plan, tu n'es pas en recherche d'une joie perpétuelle. Tu savoures le déséquilibre qui te fait prendre conscience de la diversité de tes émotions, de leur richesse, de tes contradictions surtout, qui font que tu t'appréhendes comme une totalité de possibilités, d'axes, de différences.

Et pourtant, pour en arriver là, il va te falloir travailler sur toi-même, franchir des étapes, recevoir deux-trois gifles dans ton visage.

Parce qu'en réalité, tu ne veux privilégier dans ta vie que les émotions lisses, heureuses, dynamiques. Tu écartes tout ce qui est noir, ce qui est plutôt une bonne chose, tu pars d'une bonne intention. Tu postes des photos tellement fun sur les réseaux sociaux. Réjouissant ton chat Felix, que tu prends dans toutes les positions, appétissant ton *pink drink* maison. Mais tu vis à deux à l'heure dans ta morve.

Dès que tu t'effondres, tu en prends pour cinq ans de psychotropes. Quand ce n'est pas l'alcool, la boulimie ou je ne sais quelle drogue. C'est tout ou rien, comme si tu n'avais pas appris à naviguer, à circuler entre tes émotions. Circuler comme sauter par-dessus la rivière qui passe entre les choses séparées, les oppositions, et qui font que les choses ne sont plus tout à fait contradictoires, si on essaye un tant soit peu de les faire se rejoindre, de les mettre en relation.

La vie n'est pas fixe, elle est mouvante, tremblante, sismique.

Y RÉFLÉCHIR

« Les feuilles flétrissent et les fleurs
se fanent naturellement.
C'est seulement si nous éliminons les déchets
que nous profiterons pleinement de la beauté des nouvelles
feuilles et fleurs.
De même, nous devons éliminer de notre esprit les expériences
mauvaises, sombres du passé.
Vivre, c'est se souvenir d'oublier.
Pardonne ce qui doit être pardonné.
Oublie ce qui doit être oublié.
Embrasse la vie avec une vigueur renouvelée.
Nous devrions pouvoir accueillir chaque instant de la vie avec
un regard neuf, telle une fleur fraîchement éclose.[3]»

Regarde les tsunamis du Japon et les cerisiers en fleur. Observe comment tout évolue perpétuellement, passe de bourgeons à fleurs, de feuilles à tombée des poils. Vois comme les bourgeons contiennent déjà la fleur, et comment la fleur en appelle à la guêpe.

Pourtant, certains d'entre vous choisissent de ne plus éprouver d'émotions, de ne plus aller vers des relations amoureuses passionnelles, ou alors juste en rêve, devant leur écran.

3 Amma, prêtresse de l'amour inconditionnel.

Y RÉFLÉCHIR

PLUS TARD, PLUS TARD, PLUS TARD. ON SE VERRA MAIS PLUS TARD. PLUS TARD, C'EST QUAND TU SERAS MORT ?

On reprend.
Tout est question de cycles, de périodes.
Il y a un temps pour tout. Un temps où tout va bien. Un temps où tout va moins bien. Un temps où tout va mal. Comme je viens de te le dire, ce sont des périodes, des saisons nécessaires à notre processus, à notre évolution. Il ne faut pas hâter les choses, mais comprendre que chaque temporalité engendre la suivante. Je vois bien que tu restes sceptique.
Tu refuses ce qui est triste, tu vises le bonheur parfait. Une vie sans problème, sans conflit, sans papiers administratifs, où tout serait idyllique. Stop.

LE
BONHEUR
N'EST PAS
UN FLAN
À LA
GUIMAUVE.

J'en profite pour te dire un truc qui me tient à cœur depuis longtemps : j'en ai ma claque des livres de développement personnel qui miaulent du bonheur à la semaine, qui te font faire des *to-do list* de vie géniale, comme si tu étais Alice au supermarché des merveilles, alors que tout le monde sait bien que tu es Depreciados au pays des antidépresseurs. Et tout ça me file la gerbe.

Les gens ont peur du noir, car le noir est le pire de nous-mêmes. Mais le but n'est pas de se téléporter dans un conte de fées. Être positif, c'est accepter des choix, les mauvais comme les bons. Accepter sa part d'ombre, c'est choisir sa part de lumière.

Tu envies la vie des autres, sauf que les gens ne racontent, ne mettent en ligne que ce qu'ils ont envie de partager, en omettant les moments les plus sombres. Quand ça trébuche, ils se retirent.

Mais toi, tu restes allongé dans ton canapé d'informations positives, tu te laisses dévaster par le bonheur des autres. Et tu tombes dans une énergie négative qui modifie la couleur de ton *mood*. Qui te sape en profondeur.

Les gens passent des heures à regarder le contenu des autres. Hypnotisés par les salades de vie.

Oui, les images des autres peuvent nous inspirer, stimuler notre imaginaire, mais il faut savoir dire merde ! Les rêves des autres ne doivent pas se substituer à tes propres émotions.

Je vais te dire une vérité. Il y a des jours où j'ai envie de péter la gueule à des gens. Les choses vont me faire chier, j'ai envie de tout envoyer tourner. D'autres fois, j'ai tellement envie de pleurer que je me sens épuisée. Amoindrie, vulnérable, une chose molle. Si on me parle, je vais vriller. Ces émotions font-elles de moi une personne perdue, foutue ? Non.

Ces émotions vont-elles pourrir à l'intérieur de moi ? Non.

Je sais qu'il y a des jours où je me trouve dégueulasse, mais je sais aussi qu'il existe des journées ensoleillées dans l'hiver, des saisons à l'intérieur des saisons où je suis fraîche comme la tulipe, où je parviens à construire une énergie malgré les difficultés. Car j'ai su créer autour de moi un environnement favorable dans les petites saisons.

CE N'EST PAS
QUE TOUT
EST POSITIF
OU NÉGATIF,
C'EST QUE
TOUT EST
OPPORTUNITÉS.

Tu es de mauvaise humeur, tu te sens une merde, moche comme un sanglier. Et pourquoi pas aller te faire masser, te faire dorloter, mettre de nouveaux vêtements pour te sentir bien ? Quand tu as une entorse à la cheville, que je sache tu n'appuies pas sur ta cheville, tu trouves une position qui ne te fait pas souffrir ?
Prenons l'exemple des essuie-glaces.

L'ÉPREUVE DES ESSUIE-GLACES

Tu es dans ta voiture, en pleine tempête,
en plein chagrin d'amour.
Tu es la personne qui souffre le plus au monde.
Les essuie-glaces sont tes émotions.
Ils vont et viennent de tous côtés.
Vas-tu perpétuellement regarder à droite et à gauche,
et te laisser emporter par
ton désarroi, par cette tempête ?

Ou vas-tu fixer le cap de ta route,
au risque d'avoir un accident ?

Je continue.

Après la pluie le printemps.

Et là tu hallucines. Est-ce que tu as acheté un livre pour entendre un propos si banal ? En quoi c'est banal ? Tu la comprends vraiment cette phrase ?

NOUS SOMMES UNE TOTALITÉ D'AFFECTS : LE BIEN ET LE MAL, LE JOYEUX ET LE TRISTE, LE VILAIN ET LE SUBLIME.

Tout chagrin laissera nécessairement place un jour à une joie.

DANS
TOUT
MALHEUR
RÉSIDE
UNE JOIE
FUTURE.

Tout vient, tout bouge, tout se modifie et se métamorphose cycliquement. Œuf, cocon, poule, papillon. Dans le sens que tu voudras. L'intérêt est d'apprendre à amortir les chocs, à ne plus avoir peur de tomber dans ton hiver, à apprécier, peut-être même, la mauvaise saison comme un temps de retrait, de ralentissement qui te permettra de penser, de concevoir ton été. D'en décider.

Y RÉFLÉCHIR

« AU MILIEU DE L'HIVER, J'APPRENAIS ENFIN QU'IL Y AVAIT EN MOI UN ÉTÉ INVINCIBLE.[4] »

Dans les périodes d'hiver, les énergies sont lentes.
Down. Larmes.
Incompréhension. Courbatures.
Chiottes bouchées.
Flou. Coup sur la tête.
Sidération. Choc. Maladie.
Ne pas manger. Ne plus dormir.
Quand tu ne vas pas bien – une fois que tu sais que la houle va arriver – pas d'autre possibilité que de l'accueillir. C'est le moment idéal pour se focaliser sur ton énergie profonde, et pourquoi pas ta spiritualité, afin d'éclore au printemps avec un esprit beaucoup plus frais.

Si tu brûlais tout le temps, comment pourrais-tu désirer la chaleur ? Regarde comme en hiver, tu rêves de printemps, et comme le printemps rêve de se reposer d'une année intense. Les plantes réclament la pluie, la terre demande à être en jachère pour récupérer. Bien sûr que tu te sens aimanté au sol de ta maison, que tu ne vois aucune issue, que tu penses qu'il fera moche tous les jours de ta vie, que tu traverses une pression négative qui t'abat. Mais : neige et grêlons, tout est nécessaire. La foudre amène la pluie. La pluie fait pousser, nettoie, lave. Les grêlons sont des forces qui vont te pousser à te réveiller. Les éclairs sont un choc de lumière qui va te faire trembler et t'obliger à bouger de place. À modifier quelque chose en toi vers une autre énergie.

4 L'écrivain A. Camus, *L'Été*.

NE PAS SE PERDRE DANS DE VAINES LUTTES

Prenons l'exemple du skieur en pleine tempête de neige, frigorifié à moins 15.
1. Tu te recroquevilles sur toi-même, et tu deviens tellement tendu de partout que tu vas consommer toute ton énergie à te rapetisser, et tu vas avoir de plus en plus froid.
2. Tu ouvres grand les bras. Tu bombes le torse. Tu accueilles le froid, tu fais corps avec lui.
Eh bien je te promets que cette démarche consciente, qui va faire passer le froid d'adversaire à partenaire, va assez vite te provoquer une frilosité bienfaisante, tonique.
Tu ne nies pas l'émotion désagréable, tu l'acceptes.

Tu sais qu'en énergies basses, tes journées t'apporteront peu de lumière ; les jours en hiver sont d'ailleurs plus courts. Plus l'obscurité approche, plus cette période te permettra de te focaliser sur toi.

Accueille ce qui te traverse, accepte qu'une partie de toi est en souffrance et qu'il ne s'agit pas d'une personne à abattre. On ne te demande pas de mettre un pansement sur tes cicatrices pour arrêter le pus de sortir. Mais de laisser couler la plaie qui a besoin d'exprimer des choses que tu négliges depuis tant d'années, que tu as planquées sous ton tapis. Mets-toi en silence et découvre les angoisses, les tristesses qui apparaissent.

LA TRAVERSÉE DE L'ENFANT

**Mets-toi en position de fœtus.
Reste pendant 20 minutes dans cette posture et laisse-toi traverser par toutes tes pensées mentales négatives.**

**Tu n'es pas triste ou déprimé, ce sont seulement les pensées de la tristesse ou de la dépression qui te traversent.
Laisse-toi traverser.
Et passe à autre chose.**

La dernière fois que je suis tombée malade, je ne pouvais plus rien digérer. Une horreur. D'un coup, mes intestins se sont mis à l'arrêt. Médicament ! SOS ! *Fuck !* La première chose que je me suis dite, c'est : Ok mes intestins, quelque chose là ne va pas, est-ce que ça ne serait pas l'occasion de tout revoir dans mon alimentation ? Je ne parle pas d'une petite mesurette mais de m'interroger sur mes pratiques, de plonger dans les explications scientifiques. Et je me suis aperçue effectivement qu'un trop-plein de *junk food* avait épuisé mon organisme. Je ne te dis pas de ne plus manger de *fast-food*, je te dis d'essayer d'écouter, de décrypter les périodes basses pour en faire une opportunité de vie, et non une dépression permanente.

Je te propose de remettre les choses – les couleurs, les émotions, les personnes, les rencontres – dans leur contexte. Est-ce que ça t'est déjà arrivé d'aller chez des amis et de repartir en pleurant ? De te sentir vidé de ta fraîcheur, de ton accomplissement ? Alors que tout allait bien dans ta meilleure vie, et voilà que tu te sens déglingué, nul. Tu as capté les énergies négatives des autres.

ÉTAT DES LIEUX : ÉVALUER UNE AMITIÉ

1. Vas-tu mieux ou plus mal après avoir vu tes amis ?

....
....
....
....
....
....
....

2. Quelles sensations physiques ressens-tu avec les autres ?

....
....
....
....
....
....
....

3. Qu'éprouves-tu quand tu quittes tes amis ?

....
....
....
....
....
....
....
....

Combien de fois, il m'est arrivé de repartir en pleurs d'une soirée ! Mon énergie avait été retournée. Tu te sens une merde.

Y RÉFLÉCHIR

ON ÉVALUE L'AMITIÉ DE QUELQU'UN À CE QU'IL PRODUIT EN NOUS QUAND ON LE QUITTE.

Et c'est là qu'il faut changer son environnement. Donne-toi le temps, le temps, le temps. Accepte que ça n'aille pas. Mais donne-toi une date limite, comme les saisons voyagent d'un rythme à l'autre. Il y a des jours où je m'effondre, où je me donne le droit d'aller mal, d'avoir un putain de *fucking* chagrin d'amour. Je vais passer une semaine vaseuse. Et après, c'est fini, ça me sort. Sinon ça ne s'arrêtera jamais. On a le droit de souffrir. Le droit d'en avoir marre. Mais pourquoi se morfondre pendant 300 ans ?

POURQUOI FAIRE DE TA VIE UN ENFER ?

À un moment, il faut se forcer, se bousculer. S'obliger. Comme une exigence qu'on se doit à soi-même. On s'impose des limites. On avale ses crottes de nez dans la buée du chagrin et on réfléchit. Papier. Crayon.

ÉTAT DES LIEUX : TROUVER LE BÉNÉFICE DE SA SOUFFRANCE

1. Pourquoi t'accroches-tu au chagrin ?

2. Que te manquerait-il si le chagrin n'était plus là ?

3. Que gagnes-tu à être triste ?

4. Pourquoi ça te fait du bien de te plaindre ?

5. Recherches-tu l'attention des autres à travers ton malheur ?

Ceci est un exemple. Il y a toutes sortes de bénéfices, et de stratégies à maintenir son hiver. Et sache qu'il n'y a aucun jugement de ma part. J'essaye de te montrer que ta dépression perpétuelle couve une autre poule. Comme si ton hiver était devenu ton été. Ne crois-tu pas que tu pourrais obtenir des bénéfices plus grands à vivre au soleil ? Plus ambitieux ? Un amour extraordinaire, rien qu'à toi, ne serait-il pas mieux que le regard cotonneux de tes proches ? Une vie sexuelle torride ? Crois-tu seulement que tu puisses vivre dans ta vie un amour extraordinaire ? Et nous y sommes.

Accepte les degrés, les intensités de la vie. Tu es le moteur de tes saisons. Tout est possible car tout change indéfiniment. Le meilleur comme le pire. Le plus insipide comme le plus génial.

Donc on pose sa date limite, 10 mois, 10 ans, je te laisse trouver le ratio de la rupture avec ton hiver.

Pas de règles, pas de normes.

Zéro standard.

Mais *Please*, tu t'élèves.

TU ES LA MONTAGNE

IMAGINER LA FÉMINITÉ COMME UNE PUISSANCE QUI SURGIT, FIÈRE ET MAJESTUEUSE, SE DRESSANT COMME LA MONTAGNE ENTRE CIEL ET TERRE. DEVENIR UNE FEMME D'UNE INTENSITÉ TOTALE, PEU IMPORTE D'OÙ TU VIENS...

Ce n'est pas que tu es belle, au sens d'une bouteille de coca dimensionnée, sculptée, clinquante, c'est que tu es consciente de ta beauté, consciente que la beauté est d'abord affaire de texture, une forme nécessairement singulière, irrégulière, débordante et abrupte.

Avoir conscience de la beauté, voilà la première chose que tu vas faire. Attirer ta conscience à toi, t'attirer, te tirer. Ton corps. Tes seins. Pas de seins. Tes règles. Pas de règles. Tes ovaires. Pas d'ovaires. Ta puissance tout terrain, surtout quand tu voudras foirer le terrain et te rouler dans la tristesse qui te plaque et te traque contre le miroir du quotidien, jusqu'à vomir un corps dégueulasse – je dis le mot –, le malheur n'est pas une politesse. Ta vie n'est pas une frange en plastique. Ta féminité est vibrante, palpable, hyperaffirmée.

Oui je commence par la fin : c'est bien, tu suis. Il ne faudra pas toujours suivre. Tu joues de ta féminité, tu es celle qu'on regarde quand tu arrives dans une pièce. Tu avales la lumière, aimante les regards. Tu es majestueuse, libre et sexuée, ou au contraire libérée du genre, affranchie des codes, des assignations, mais naturelle et ancrée. En un mot qui en entraînera d'autres : puissante comme la montagne naturellement forte, un genre de nouveau féminisme, tu vois ?

Tu attises. Tu produis de la vitesse, de l'énergie. Tu captes et mouvementes. Tu déclenches les éléments qui deviennent à ton contact des émotions fortes, comme si tu étais reliée, irriguée du vent fou de la vie, du tonnerre et du feu. La pluie n'est pas une putain de journée à abattre, la pluie te lave des offenses du monde, te fait couler, abondante et fluide. Lovée aux sensations de la nature.

Une féminité de la terre. Une déesse des eaux. Une vénus du feu. Daenerys de la montagne. Chaude comme le soleil, possible comme l'aube. En couple avec la nature. Mode sac à dos mais d'île en île. Comme un archipel qui se déploierait perpétuellement en relation avec de nouveaux paysages. Une féminité en relation. Au lieu de se scléroser dans son îlot, dans son identité, sa fixité.

Comme un océan qui ne pourrait plus s'arrêter de croître, et déborderait en d'autres formes, en rythmes et couleurs. Comme la montagne aux lacs, pentes, papillons, brebis, loups, sentiers, sommets qui se nourrit de ses différentes sensibilités pour exister. Trouver sa féminité. Trouver son rythme. Peupler sa différence. Rencontrer son élément sacré. On l'a tous.

Ta force va être de devenir tangible. Intuitive, amoureuse inconditionnelle de toi. Jusqu'à devenir cette louve à la loyauté sans failles. Acérée. Exigeante. Pas moins. Ou quitte ce livre. Pas de prix. Pas de petits horizons. Je veux te pousser à te reconnecter à toi-même, à t'approprier tes émotions fortes, là où on t'ordonne de te taire, de vivre dans l'effacement depuis des tentacules.

Je vais t'inviter à devenir possible. Possible : visible comme la montagne haute et fière de son corps que, toi aussi, tu vas libérer, en te dressant, en refusant les passions tristes, les petites ambitions, les vies étroites.

TA FÉMINITÉ EST PLUS QU'UNE PRÉSENCE, TA FÉMINITÉ EST LE MOUVEMENT DE LA PRÉSENCE.

Pas quelque chose qui se fixe, s'arrête, comme un tas d'or à contempler, mais un perpétuel grandissement. Un agrandissement. Un voyage sans limites.

On se focalise sur ton décolleté ? Mouvemente, déplace, surprends. Tu peux venir couverte, tu peux te découvrir encore plus. Qu'on se focalise sur toi, qu'on te juge, qu'on médise, qu'on blablate et qu'on te pourrisse. Ils finiront par crever de l'étroitesse de leur regard. Laisse faire. Fais du parapente. Surfe dans le ciel. Prends de la hauteur. Voilà, tu commences à goûter à la largeur de l'esprit, à d'autres soifs.

Y RÉFLÉCHIR

« IMPOSE TA CHANCE, SERRE TON BONHEUR ET VA VERS TON RISQUE. À TE REGARDER, ILS S'HABITUERONT.[5] »

Tu vas venir vers eux, vers nous, comme tu es. Tu ne vas pas changer, tu ne vas pas te cacher une fois de plus dans ton interdiction, tu vas apparaître. Et je veux t'expliquer pourquoi.

Une femme libre a conscience que son corps a un pouvoir de séduction, c'est-à-dire un pouvoir de parole. Ton corps est libre de parler. Il n'est pas silencieux, abandonné, étouffé, mort. Ton *body* n'est pas non plus qu'une fonction reproductrice ou nettoyeuse. Je n'ai rien contre les enfants, et le ménage de l'esprit est mon activité préférée. Je dis que le corps est langage. Donner vie, prendre vie, se sauver la vie, faire ta vie : comme tu voudras. Mais vouloir. Nous y sommes.

Surgir du refuge à complexes, des lamentations passives qui cloîtrent la pensée de ton corps, qui te raccourcissent la conscience. Grandir. Non pas *être* mais *devenir* femme. Simone l'a dit avant moi[6].
On était un amas de terre. On te marchait dessus. On te marche dessus. As-tu capté qu'on te marche encore dessus ? Que les siècles qui t'ont précédée te piétinent comme s'ils avaient déposé en toi toutes les oppressions du passé ! Je ne dis pas qu'une croyance

5 Le poète R. Char, *Les Matinaux*.

6 « On ne naît pas femme, on le devient », la philosophe S. de Beauvoir, *Le Deuxième Sexe*.

est mauvaise, je ne dis pas que le passé n'apporte pas de bonnes choses, je dis que ce que tu penses provient d'une croyance. Au fur et à mesure d'expériences plus au moins dures, éprouvantes, tragiques, tu avances dans l'existence avec – non pas un corps – mais l'image de ton corps qu'on a projeté sur toi, ce n'est pas toi et c'est toi, c'était l'idée que tu te faisais de toi, ne sera plus toi.

Que t'a-t-il
avait-il
eut-il
aura-t-il
sera-t-il permis d'espérer ?

Peu importe le genre de femme. Protectrice, pas protectrice, fragile, pas fragile, sexuelle, intellectuelle, les deux à la fois, brutale, les trois, on s'en fout. Cette femme que le monde a essayé de fouler, d'amoindrir, que va-t-elle devenir ? Quelle femme vas-tu devenir ?

Y RÉFLÉCHIR

QUELLE PUISSANCE VEUX-TU DEVENIR ?

Pourquoi refuser de parler avec son corps ? Tu es un pur esprit ? La montagne ne flotte pas dans le ciel, elle s'ancre dans le sol, tire sa force, sa grandeur de son appartenance au monde, de son ancrage. Es-tu cette femme qu'on a essayé de piétiner, de faire disparaître, peux-tu me dire que tu ne cherches pas à te nier ? Peux-tu jurer que tu ne te compares pas aux autres, que tu ne te diminues pas ? Pourquoi tu t'effondres dès que quelqu'un te quitte ?

OÙ EST
TA LIGNE
DE FORCE,
TA
REVENDICATION
D'AMOUR ?

C'est ça devenir une femme, c'est faire apparaître une capacité d'amour. Malgré tout, ou plutôt : avec les vergetures, les cicatrices, les seins qui tombent dans la baignoire, les pas encore de seins.

Et quoi ? Et encore quoi ? Éteindre la lumière pour baiser ? Ne pas baiser ? Baiser bourrée ? Avec son canapé ? Sous le canapé ? Au moins on sera à l'abri. Dans la cave des sensations. Direct. Tout au fond de la disparition des femmes. En boule dans les replis, inexistante par peur qu'on te manque de respect.

Tu refuses ton corps, la vie te refusera. Par peur qu'on te traite de pute ? Parce qu'on te traite de pute ? De salope ? De même pas salope ? De coincée du cul ? De frigide ? De dépendante ? De trans ? De pas possible, pas baisable, pas sortable ? Ton refuge, c'était quoi ?

Je vais te le dire parce que je suis passée par là. Ta planque c'était d'ignorer ton corps, de t'en dissocier, de le rejeter, un corps pas le tien, surtout pas ton corps. Et il a fallu te construire une armure. Une protection pour nourrir le vide, la place que tu rejetais. Certaines, c'est la nourriture perpétuelle qui vient remplir, cicatriser, apaiser immédiatement, d'autres c'est le pouvoir suprême de dire non à la nourriture. Autant d'armures que de peurs.

Je ne vais pas te demander de devenir huissier. De faire l'inventaire de ce qu'il te manque. Je vais te demander juste de devenir – et plus précisément – de devenir *juste*, de trouver ta justesse. De devenir la femme la plus intelligente-ou-non-pas-si-la-plus-électrique, ou la plus libre, la femme qui n'a peur de rien, capable de se dire qu'elle fait, qu'elle se fera du bien.

TU FERAS
CE QUE
TU VEUX
AVEC
TON CORPS
SANS AVOIR
PEUR
DE TE FAIRE
IMMENSÉMENT
DU BIEN.

Pas de limites. Pas d'interdits. Pas de règles. Pas de standards. Pas de 5 fruits et légumes par jour avec moi. Pas de *body positive* pour craquer tes larmes derrière l'écran dépressif.

La vérité *juste*.

Baskets, pieds nus, 18 centimètres de talons, je m'en tape, tu t'en tapes. La féminité n'est pas ce que tu portes, nous ne sommes pas une tombée de rideau, une remise de légion d'honneur. La féminité est une audace. Une attitude.

Commence par changer d'attitude.

Maintenant. Pas demain. Ou jamais.

Ou rien ne se passera que la continuation de ton malaise.

La féminité est ce cheminement vers l'audace, ce franchissement. L'audace, ça ne veut pas dire des plans cul, ça signifie oser aller vers son désir quel qu'il soit : plan cul ou plan *love*.

MÉTHODE : CHANGER D'ATTITUDE

1. Croyance de départ
Je suis célibataire, c'est la *loose*.
2. Croyance d'arrivée
Je vais pouvoir prendre soin de moi en profondeur, me réparer, pour aller rencontrer un amour.

1. Croyance de départ
Je n'ai pas de tunes.
2. Croyance d'arrivée
Putain, je suis en bonne santé, j'ai deux jambes, une bouche, deux poumons, grâce à ça, je vais pouvoir construire une situation meilleure.

1. Croyance de départ
Je n'ai pas de chance, je suis maudite.
2. Croyance d'arrivée
Vu que je suis tout en bas du monde, le premier pas que je ferai ira vers le haut.

La découverte d'un corps est un chemin qui se palpe, se tâte, se masse des pieds à la pointe de ton esprit. Et tu te masses les fesses, le ventre et tout ce qui te plaît : tu adoucis le chemin. Tu commences la route vers l'audace d'être une femme. Tu commences à migrer vers le plaisir.

On a muselé ton corps, si bien que 3 femmes sur 5 ne savent pas ce que c'est que la jouissance. Et comme tu culpabilises par rapport à ton mec, ou ta meuf, tu simules. Tu imites la vague, mais tu ne la ressens pas. Pourquoi tu simules ? Pour sauver ton couple ? Tu appelles ça un sauvetage ? Moi, j'appelle ça un naufrage.

Le plaisir existe, je n'appelle pas ça du plaisir. J'appelle ça la vie volcanique, la seule chose qui vaille d'être vécue. Ton corps existe, ton corps exulte, car tu as appris que tout dans l'existence n'est qu'apprentissage et découverte de soi. Avec toi, avec ton homme, ta femme, avec qui tu voudras. Mais de toute urgence.

Ne te contente pas d'une féminité malheureuse, d'une féminité bradée.

LES PLUS BEAUX SEINS

DU MONDE

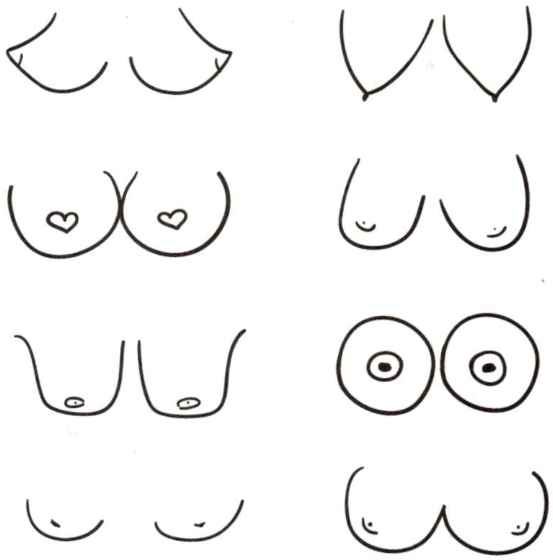

On t'a imposé une sexualité, des standards physiques, des gros seins, mais on s'en fout des petits ou gros seins.
Ce que je voudrais – je ne veux rien, tu es libre – c'est que tu mettes les mains sur tes seins, ou futurs seins, oui là tout de suite, et que tu les tâtes, que tu leur parles comme s'ils étaient les plus beaux seins du monde à tes yeux.
Apprends d'abord à vivre avec tes seins, à les aimer comme ils sont. Tes seins ne sont pas ton ennemi, tu peux les orner de choses magnifiques, en utilisant de la belle lingerie, des tatouages. Ta poitrine devient alors une arme de séduction comme tout le reste.
Et toi ma go qui a de petits seins et pense ne pas être désirable parce que tu n'as pas ton bonnet D, arrête d'espérer les seins de Kim ou Kylie. Regarde comme Ciara, Rihanna et Bella peuvent être sexy avec des décolletés plongeants à couper le souffle. Augmente ta confiance en toi, ta puissance. Pas ton pouvoir sur les autres, ta puissance. Nuance. Puissance : cette capacité à assumer qui on est, sans avoir peur d'être disqualifiée.

On te disqualifie ? Change d'air, de partenaire, de patron, de confiture. Mais de toute urgence meuf. N'accepte pas que le monde te manque de respect, car si les gens te manquent de respect, c'est parce que tu les y autorises. Le respect est l'image de toi-même que tu renvoies aux autres, c'est ta façon d'imprégner le monde, comme une traînée de conscience, ou une couleur karmique, ou ce que tu veux, que je nomme souffle, âme, voilà : de la grâce.

J'aurais pu te dire qu'il est facile de devenir une femme, que les filles se soutiennent entre elles, que la force et la douceur sont les qualités les plus naturelles à associer, car elles sont indispensables à l'amour. Je vais te le dire autrement :

RIEN
N'EST
FACILE,
TOUT
EST
FAISABLE.

Ou pour te le dire autrement encore : ce qu'on t'a enlevé, prends-le.
Ta confiance en soi va donner envie, mais aussi réveiller les insécurités des autres femmes, attirer les féminités non déclarées. Tu vas réveiller les insécurités.

Oui, tu as mis un short qui provoque la jalousie, oui quand tu danses, on te fait signe de te calmer, *too much Mademoiselle*. Oui, ton affirmation renvoie les autres à leur fragilité, à leur peur.

Accepte ton langage pourvu que ton langage soit celui de la liberté, deviens hors normes, exagérée. Deviens excessivement toi. Un nouveau genre de femme.

Deviens déesse autonome. Entité. Femme puissante. Femme de guérison. Femme révolutionnaire. Femme mécano. Femme artiste. Mais d'une beauté inqualifiable. Obsédante. Illimitée. Une femme du dedans et du dehors. En dehors du commun des mortels, en dedans du monde. Pense, vit, jouit magnifique.

Déséquilibre le malheur.

Suscite.

TU ES LA FORCE FRAGILE

ÊTRE CAPABLE DE FRAGILITÉ QUAND ON EST UN HOMME, OU QUAND ON SE SENT UN HOMME, C'EST ACCEPTER DE PLONGER DANS SA SENSIBILITÉ POUR LA MONTRER AUX AUTRES. NON PAS UNE ÉMOTION QUI APPAUVRIT, PLUTÔT UNE SUBTILITÉ QUI RENFORCE, COMME CELUI QUI SERAIT CAPABLE DE TENIR DANS SON POING SERRÉ UNE FLEUR SANS JAMAIS L'ABÎMER.

Tu ne ressens pas la pression qu'on met sur les hommes. Et combien elle est grande. Tu excites par ta capacité d'émotion. Tu excites tellement. Tu es un homme combatif quand il faut l'être : tu ne te résignes pas. Tu fais preuve de rigueur et de sagesse quand tu avances vers un but, mais tu sais prendre part à la fougue. Tu es un impétueux sans être un violent. Un homme fort et doux à la fois. Tes déplacements sont acérés, tes gestes dessinent des arabesques qui te portent à évoluer dans l'existence comme un danseur. Tu es le guerrier aux mains agiles. Le sabre à l'esprit de fluidité. Tu es un fluide.

Tu refuses toute caricature masculine, ce bloc de dureté qui ferait d'une pierre un homme et d'une laine une pauvresse à cajoler. Tu tires ta force de ta capacité à t'approprier tes émotions : tu rayonnes par la connaissance de tes profondeurs. Tu es le soleil large et puissant, le souffle qui emporte. Tu es la douceur de la voix qui apaise, le feu de la conquête et la larme qui rend toute vie humaine vraie, vivable. Tu rends la couronne, les stéréotypes, les chaussettes Avengers, tu ne crains pas de montrer ton vrai visage à l'autre. Et en particulier vers celles et ceux qui enfièvrent tes sentiments.

Certains aspects peu glorieux de ta personnalité font entrevoir tes blessures, ton manque de confiance. Montrer tes failles t'ancre en toi-même. Tu trouves l'équilibre dans cet appui de vérité qui t'éloigne du déséquilibre.

Tu sais qui tu es et ce que tu veux, mais tu es mobile comme le fleuve mouvemente la terre pour l'irriguer de soifs nouvelles. Tu as accepté ta part de sensibilité, tu raisonnes avec les différentes parties de toi.

Tu n'as pas peur que l'aimée ou l'aimé te dépasse. Tu n'as pas besoin que celle ou celui qui t'accompagne soit malade ou terriblement fragile pour te sentir plus fort. À tes côtés, une puissance peut évoluer, librement, sereinement.

Vous avancez ensemble, en essayant mutuellement de vous renforcer, sans exactement vous épauler, ou vous secourir, plutôt en proposant l'un l'autre un espace de liberté dans lequel s'agrandir, s'épanouir. Vous essayez de dénouer vos peurs quand elles se présentent, de les surmonter, pour vous alléger. Mais tu ne cherches pas une pièce manquante. Tu ne recherches pas à former un puzzle, plutôt à construire un paysage, un pays. Tu recherches des dimensions. Pas noir et blanc mais vert et bleu avec des intensités de safran et de jade.

Tu aimerais être cet homme-là ? Pas vrai ? Toi qui passes ta vie à congeler tes émotions...

DIALOGUE AVEC UN MUR

– Ça va ?
– Ça va !

Mais rien ne va, et ça pourrait continuer
dix lustres à pourrir de l'intérieur.

– Et si on parlait des problèmes pour une fois ?
– Je vais bien, je t'assure.

Tu assures. Tu vas bien. Tu tires ta force, ta verticalité de la faiblesse des autres ? Pourvu que les autres exaltent leurs émotions à ta place, pourvu qu'ils se répandent et que tu les regardes tomber dans le vide ? C'est mieux de regarder vriller les autres que de tomber soi-même ? Parce que quoi ? Parce que demander de l'aide à quelqu'un ça te changerait en PETITE SIRÈNE ?

Mais je te préfère Sirène que Pied de Rat, tu comprends ? Faut le dire vite, parce qu'au rythme où vont les choses, jamais nous ne nous embrasserons. Parce que je suis trop bien pour toi ? Ou que tu vas trop mal dans ta peau d'homme astiqué à la colle de la pudeur ? À la colle et surtout au petit coin de ce que la société exige d'un homme.

On t'a appris à vivre sans avoir besoin de personne. Une amie pour quoi faire d'ailleurs ? Pour lui cacher que tu as une vie trop dure ? Car tous tes objectifs sont trop hauts ? Tu n'arrives pas à monter ton entreprise, tu vois bien qu'elle s'effondre ? Que quoi tu n'arrives pas ?

On t'a appris que pleurer, c'est être cet enfant faible qui courrait dans les jupes de sa daronne, exprimer tes émotions, c'est demeurer cet enfant perdu. Si tu ne gagnes pas la guerre, tu ne gagneras pas ta vie. « Tu seras un homme mon fils ». Et plus tu es embourbé dans ta guerre, et plus tu éprouveras la peur d'échouer, et plus tu louperas ta vie. Car tu es castré d'une partie de toi.

Tu n'existes qu'en surface de toi-même. Là où tout n'est que défi et challenge, tout va bientôt s'effriter. Patience.

À force de refouler leurs émotions, certains massacrent des vies en explosant de violence[7], d'autres s'effondrent dans l'alcool ou disparaissent dans la mélancolie.

7 En 2020, selon l'Observatoire national des violences faites aux femmes (MIPROF), 102 femmes ont été tuées par leur conjoint ou ex-conjoint.

TU COMPRENDS TA BOMBE À RETARDEMENT MENTAL ?

Tu veux sortir avec moi ? Oublie mon boug, je fais peur aux mecs. Ils refusent l'amour qu'ils ont pour moi. Pourquoi ? Parce qu'ils ne se sentent pas à ma hauteur ? Tu comprends Lalaa, *tu es trop puissante, trop forte*. Et il faut quoi pour être à ma hauteur ? C'est plus pratique une dépressive ? Ou mieux : rendre une femme dépressive, pour être certain qu'on sera à sa hauteur ?

Refuser tes fragilités, tes doutes fait de toi un être qui ne se sent pas bien dans sa peau, car tu n'es pas dans ta peau, mais dans celle d'un stéréotype. Un type en stéréo maximale dont on entendrait du son compressé et hurleur, tu vois ?

STÉRÉOTYPES HURLEURS

Je suis fort.
Je dois protéger l'autre.
Je dois montrer mon côté sombre.
Je ne peux pas être trop ceci ou trop cela.
Les sentiments, connais pas.
Je ne peux pas pleurer.
Je ne peux pas me confier.
Je ne suis jamais fatigué.
Je ne baisse jamais les bras.
Je n'ai pas le droit à l'échec.
Ni même à un soutien.
Je n'ai pas besoin d'aide.
Je suis un bonhomme.
Je suis un soldat shooté aux *corn-flakes*
et aux couilles de taureau.

Et alors tu choisis une femme ou un compagnon moins élevé, en souffrance, une personne fragile que tu puisses protéger du haut de ton gouffre.

Mais tout le monde crève dans cette histoire, car plus tu vas essayer de te montrer fort, plus la femme ou le conjoint avec qui tu partageras tes pâquerettes aura besoin inconsciemment de se sentir faible devant toi, pour te laisser triompher sur tes hauteurs, pour préserver ta force. Elle va aller mal pour que tu te sentes fort. Puisque c'est ça que tu nous as dit. Je veux être un hélicoptère.

Une spirale. Une descente. Une conjecture émotionnelle en direction du pire. Pas même une direction, une chute immédiate, une autodestruction massive.

On t'a amputé de ta fragilité mec, tu te crois fort avec tes *cojones*. Tu es mutilé du sentiment. Une demi-portion de gigot et de déni qui fait peur à voir. C'est moi qui ai envie de pleurer quand je pense à toi.

Si seulement tu avais pleinement conscience de ta fragilité, tu deviendrais grand.

Y RÉFLÉCHIR

EN REFUSANT UNE PARTIE DE TOI, TU TE RETIRES LA PUISSANCE D'EXISTER.

Tu avances à travers une amputation, comme si tu habitais en banlieue de toi-même et qu'au centre il y avait une chaise vide. Ça pèse lourd une amputation.

Ça provoque des confusions, ça produit de l'isolement. Évidemment, tu ne parles de toi à personne. Et c'est là, en général, qu'au lieu de te remettre en question, tu pointes les autres, la société, et tu vires Moisissure, ce personnage que tout le monde déteste et qui déteste tout le monde.
Rien de plus beau que Force Fragile, rien de plus majestueux que Solidité Volante qui assume qui il est.
Un rocher. Un paresseux. Un ours dénudé.

Tu pourrais commencer par accepter les émotions quand elles arrivent, ces moments de faiblesse, ta dépression, ce passage obligé pour aller vers l'évolution. Tu as envie de pleurer parce que tu ne vas pas bien ?

FAIBLE NE SIGNIFIE PAS GLANDEUR INTERNATIONAL. QUI A DIT QUE TU ÉTAIS FINI ?

Tu n'es pas tout seul pour construire une vie. Une histoire d'amour ça se partage, ou alors tu es convaincu que tu ne mérites pas l'amour ? Trop de confiance en soi, de parades à protéines, de *trips* à challenge, ça cache quelque chose. Ta musique. Ton diplôme universitaire. Je ne sais quoi de ton rap ou de ta littérature. Ton boulot. Tes responsabilités. Mais regarde-toi. Toi qui rêvais de planter une vigne en Toscane et de cultiver ton vin.

Lâche ces parades à boomerang. Sois toi-même, parce que sinon tu vas redevenir toi-même à un autre moment, et là je ne t'aimerai plus du tout. Si tu mens au début d'une relation, tu n'assumeras pas qui tu es pleinement. Et ça tournera à vide ? Ça ne tournera pas, ça s'écrasera sur le caisson de ton entendement, comme un microbe expulse une fin de vie.

Assumer une force fragile ne consiste pas à pleurer ses intestins sur le sofa ou à entrer dans le malheur, mais à accepter que les émotions vivent à l'intérieur de toi, à leur laisser une place.

Au fond peu importe que tu montres ton vrai visage aux autres, mais accepte de devenir qui tu es réellement. Arrête de faire le caïd ou le chef d'entreprise quand tu aspires à partir dans les Cévennes pour y faire pâturer tes brebis.

Cette histoire de réussite matérielle pèse sur ta carapace d'homme. Lâche cette pression monstrueuse qui te bousille les trapèzes, qui t'entraîne des tensions, des défis bien trop lourds pour toi.

Je ne dis pas que tu ne peux pas devenir un chef d'entreprise, je dis juste que tu peux aussi devenir autre chose qu'un chef, en résonance avec ta nature profonde qu'on a interdite d'expression, qu'on a muselée.

Je te soupçonne d'avoir peur de l'abandon. Est-ce que je te quitterais si tu me montrais le fragile que tu es ? Mais tu n'es pas chose fragile ou boule à canon, tu es l'alliance des contraires.

C'est cet équilibre qui te porte, te redresse, qui fait d'une platitude existentielle une cathédrale chocolat, menthe, piment. Une construction riche de contours. Une intelligence qui démontre une capacité à évoluer à l'intérieur même de ses contradictions, de ses tensions, qui créent de la singularité. Tu comprends, *baby* ?

Une fois que l'émotion arrive, accepte sa venue pour que ça ne gangrène pas, ne pourrisse pas sous des airs de Marathon des neiges ou de conférence TDX à mener devant mille personnes qui te likeront. Accepte de parler, accepte de te livrer.

Un homme qui pleure est un canard. Un homme qui pleure est un bouffon. Un homme qui pleure est un soumis. Moi j'aime les canards doux, les Popeyes ça m'emmerde. J'aime les canards des rues qui chantent au monde entier qu'ils m'aiment. Une putain de loveuse. Un homme qui exprime ce qu'il ressent et m'envoie des lettres d'amour farcies à la Cayenne, bouleversantes comme l'aube.

Reprenons.

Homme ça veut dire quoi ? Se sentir quoi ? Dans ta culotte ? Laisse-toi aller ou t'as rien compris à l'avalanche. Des hommes qui ne connaissent pas l'amour, qui ne savent pas en parler, et qui ont peur de l'abandon, y en a des marécages.

PEURS EN AVALANCHE

Je ne me sens pas prêt.

Je ne me sens pas capable.

Je ne veux pas m'engager.

Mon projet professionnel prend trop de place.

J'ai peur de perdre mon boulot, j'ai peur de perdre...

Tu pourrais commencer par ne plus avoir peur de perdre. Tu pourrais considérer que ce que tu as à perdre t'allégerait de toutes ces responsabilités, de ce poids des obligations qui pèsent plus lourd qu'un camion à viande.

Je veux ton cœur.

Tu veux mon cœur.

Prends ton temps.

Accepte le repli. On va tenter, le secret ou en public, de te juger, de mesurer ton zizi mental. Autorise-toi à n'en avoir que foutre. N'abandonne pas tes peurs sous la muraille du stéréotype.

Je ne t'abandonnerai pas.

Approche.

Je ne suis pas la personne qui t'a fait du mal.

Ta blessure est la plus profonde qui soit. Fais un saut en parachute d'une fusée. La Terre, tu la vois tellement loin. Fais un saut dans la vie. Une mort qui redonne vie.

Meurs et renais sur un aigle.

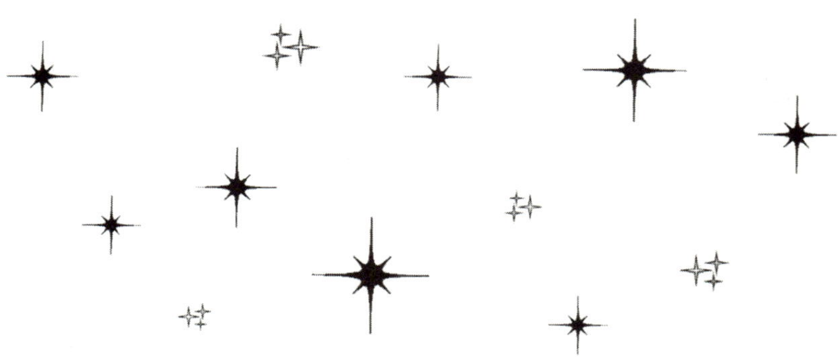

C'est l'inconnu qui te terrorise, n'est-ce pas ? La peur de ne pas savoir. De ne pas contrôler. De ne pas maîtriser. La perte des repères.

L'homme c'est le pilier qui tient la maison, qui fait le feu, fait ceci, fait cela, lâche prise ! Laisse-toi porter par l'énergie de la danse, regarde le dragon qui crache le feu mais ne s'empoisonne pas de son souffle car il fait circuler ses brûlures. Le dragon ne se retire pas dans une forteresse où il serait prisonnier. Le dragon a des ailes de légèreté, sans quoi sa masse le tiendrait la gueule au sol. Ce sentiment de saut dans le vide, de building de 350 étages sans savoir s'il y a quelqu'un en bas. T'y vas ? T'y vas pas ?

SAUT DANS L'ÉMOTION ?

La pire peur est de ne pas savoir qui il y a en bas.
Lâche ta peur d'être rejeté par la communauté des pères qui t'ont condamné à être un fils en demande de validation.
Sois sans père.
Prends la fuite.
Sens-toi libre.
Ce que l'on t'a refusé, prends-le.
Prends la fougue.

TU ES LA TORNADE

**L'EXCÈS EST LA VÉRITÉ
DE L'ÉNERGIE, L'ÉLAN QUI
POUSSE À VOIR PLUS GRAND,
À VIVRE PLUS INTENSÉMENT,
PLUS FRANCHEMENT.
NOUS NE SOMMES PAS TOUS NÉS
TORNADES, MAIS NOUS AVONS
TOUS LA LIBERTÉ D'ESPÉRER
ENFANTER NOTRE TORNADE
DE VIE, QUI PUISSE BOUSCULER
L'AUTRE JUSQU'AU RÉVEIL,
QUI PUISSE NOUS PERMETTRE
D'AVANCER HORS LES AVARICES
ET LES TRICHERIES,
LOIN DE NOTRE PETITESSE.**

Tu as une énergie extraordinaire. Là où tu passes, tu laisses des souvenirs aux gens. Des vibrations. Des chaleurs. Rien ne peut plus t'arrêter. Tu emportes le stop. Tu t'emportes. Tu sécrètes une hormone de conquête, ton objectif est désormais : soit j'atteins mon objectif soit je l'atteins comment. Tu as faim. Tu veux prendre ce qui t'es destiné. Tu manges le réel. Tu le dévores. Tu fonces vers l'intensité, sans t'économiser. La tornade ne triche pas, ne mégote pas.

Les gens se rappelleront de toi pour ce que tu as été véritablement. Ils t'aiment pour ce que tu es. Le jour de ton enterrement, que voudrais-tu qu'on dise de toi ? De quoi veux-tu qu'on se rappelle ? Aimerais-tu qu'on se souvienne d'une personne présente, l'entière boule de feu qui avait une gueule pimentée, qui rentrait dans une pièce avec ses flux, ses crises, ses animaux intérieurs. On aime ou on n'aime pas, mais on n'oubliera pas.

Tornade de sensations qui fait que tu peux soudainement te soulever de terre. Arroser de joie tout un peuple, manger 15 éclairs au chocolat, décider de faire sortir ta grand-mère qui est en train de crever à l'Ephad. Partir à Buenos Aires. Envoyer bouler ces gens qui te lèchent le coconut à longueur de journée. Envoyer mille SMS à Mousquetaire75 que tu viens de rencontrer. *So what ?* Quel souci à être Vent fou qui va se mettre à peindre et à peindre des tableaux tellement colorés qu'on dirait des œuvres telluriques, des forêts bouillonnantes de méduses *pink*, des marguerites géantes encascadées de savane et de fièvre. Et faire l'amour dix fois dans le week-end si ça le fait, et vouloir recommencer à jouir, à faire des vœux de fougue et de beauté qui entraîneront les autres dans un flux de chocs, à se tenir chaud, à pleurer, à se secouer dans les bras, à se dire qu'on est là putain à vivre encore. Et faire que quelque chose s'ébranle de nos inerties, de nos morosités noyées dans la crasse des plaintes. Des chaleurs à faire monter l'amour. Des célébrations qui font qu'on se sent vivant, immensément vivant.

Y RÉFLÉCHIR

« JE VOUS EN SUPPLIE
FAITES QUELQUE CHOSE,
APPRENEZ UN PAS
UNE DANSE
QUELQUE CHOSE QUI VOUS JUSTIFIE
QUI VOUS DONNE LE DROIT
D'ÊTRE HABILLÉS DE VOTRE PEAU
DE VOTRE POIL
APPRENEZ À MARCHER ET À RIRE
PARCE QUE CE SERAIT TROP BÊTE
À LA FIN
QUE TANT SOIENT MORTS
ET QUE VOUS VIVIEZ
SANS RIEN FAIRE DE VOTRE VIE.[8] »

Laisser une trace vivante.

Tout plaquer du trop étriqué des conventions, de nos manquements et nos ruines.

Sortir les piments, lâcher les tigres.

8 C. Delbo (*Une connaissance inutile*) est une écrivaine qui a survécu aux camps de concentration.

POURQUOI
VOIR
PETIT
QUAND
ON PEUT
ESPÉRER
FORT ?

Personne ne t'oblige à marcher avec du pollen dans les doigts de pied ! Si tu aimes quelqu'un, dis-le ! Il va t'arriver quoi ma poussière ? Je peux dire tout ce que je pense, tout ce que je veux.

Comment devenir excessif ? Tu vas agir clairement. Tu dis non. Tu dis oui. Mais tu cours, tu invoques la terre, le ciel et les eaux. Ça te coûterait quoi d'essayer de vivre intensément ?

Je t'emmène dans un manège. Je t'emporte dans un sillon hors normes. *THIS IS TOO MUCH.* Un chemin qui rigole fort, qui exalte la détermination à vivre, à célébrer l'intensité de l'instant, ses excès comme ses débordements. Nos sensations voltigent, font des bonds. Nous pensons comme des pulsions, comme des animaux. Ça suffit les restrictions, les maigreurs de l'esprit, les confinements du cœur et du cul.

J'ai préféré dire à un homme la vérité : c'est la mode des plans cul, j'ai essayé, je n'y arrive pas, je m'attache. Et je me suis attachée à cet homme, à son histoire, à l'histoire de sa sensibilité. J'ai eu envie de lui consacrer du temps le plus précieux qui soit. Mais quand j'ai vu qu'il n'était pas dans la même fréquence, j'ai dit stop. Je ne vais pas me battre pour lui prouver que je suis la femme de sa vie. Pourquoi me coltiner une cause perdue d'avance ? Hier j'ai pleuré toute la journée pour celui que j'aime, parce que je ne peux pas être avec lui. Car si on continue à se parler, ses blessures vont me toucher, je vais vouloir le toucher. Je suis fière de moi. Je me suis choisie. Je n'ai pas envie d'être amoureuse à petite dose, je n'ai pas envie de vivre un amour au rabais.

JE VEUX LA PUISSANCE, PAS LE *FAKE*.

Pas un chouïa d'amour entre 5 et 7. Je veux l'amour total. La tornade sera amoureuse ou ne sera pas.
Sera professionnelle ?

Regarde autour de toi comment les gens sont moutons. Des Tenues. Des Carcans. Des Codes. Pour aller travailler. Pour retourner chez soi sans aucune alternative qu'un esprit de sérieux qui sécherait les plus grosses inondations. Les gens acceptent d'être des moutons. Toi compris. Ils se goinfrent de servitude. Et ils envoient leur candidature pour postuler à une petite vie, une existence sans broncherie, à l'économie, à la maison du confort, des crédits pavillonnaires, le RER dans la saleté, ça pue. Avec un peu de chance on trouvera une place assise. Et la surveillance par le télétravail. Je capitule. Je postule à un autre job.

La meuf me reçoit comme une merde. Je suis moche. Elle a raison. Je suis trop petite. Elle a raison. Je vais m'éteindre. Ils ont raison. Ma confiance en moi va disparaître.

Et non.

Et c'est là que ça bout.

Et c'est là que ça bouffe de la vache enragée.

Et c'est là que ça peut pas crever.

T'es vivant. De quoi tu te plains ?

À Haïti, tu sais, j'ai vu des corps sans vie. J'ai vu la mort attraper les gens, c'est une prise de conscience, une obsession du pire qui te fait soudainement te sentir profondément vivant. Tu ressens le cadeau inestimable de la vie au milieu du carnage, des pandémies, dans ces misères et ces catastrophes climatiques où les gens manquent de tout. Séisme qui enlève la vie et qui la redonne.

Je n'ai pas lâché l'affaire de ma carrière professionnelle. Je ne suis pas le problème à cet instant. Je n'arrêterai pas de poursuivre. Quand je veux quelque chose, j'y vais. Je vais à fond dans les choses, j'entre dans les gens et les situations, quitte à les violenter. Ai-je peur de déranger ? Ai-je peur que ma présence soit *too much* ? Merde à la fin. Je m'en bats les sauces qu'on me dise qu'une mère de famille ne doit pas se comporter comme ça, qu'une femme ne doit pas avoir ces cuisses-là, que je ferais bien de ralentir, de me contrôler. Rien du tout mes lenteurs.

Tornade. Séisme. Obstination.

Dans ma détermination, je vais ratisser plus large, car l'énergie emporte l'énergie. Moins tu fais de choses, plus tu penses petit con. Plus ton corps se recroqueville en articulations douloureuses, en rouille avec du croûton au bout du mental, si bien qu'on dirait que tu grinces dans la soupe.

Tu te réveilles replié. Cassé. Tu as juste l'ambition d'aller à la cuisine et de retourner au bureau près de la cuisine, et on tiendra comme ça jusqu'à demain qui sera un jour meilleur, c'est bien connu. Et on ira au supermarché aérer notre merde de vie déglinguée qui s'encrasse, qui s'écrase. Ou alors s'acheter un supplément de Lasagnes aux asperges pour oublier toute cette merde. Tu la vois ta vie ?

Tu ne rêves plus, tu as de l'obscurité à la place de tes muscles : le monde est comme ça, il faut faire avec. Tu fais chauffer ta barquette de nouilles mais tu n'ajoutes pas de crème avec des lardons. Faut pas exagérer. Faut pas rêver. Et puis quoi encore ?

Tes yeux s'enfoncent dans leur cavité, tu deviens une sorte de poulasse, je ne sais pas comment dire, une poule même pas chaude. Une sorte de graisse à givre. Une engluée des petits sentiments, des regards vides. Des amitiés de surface. Des hypocrisies. Et tu triches avec toi-même, avec les autres, avec tes rêves de Terre de feu où plus personne ne s'aventure depuis des braises. Tu deviens une ambition avortée, une énergie basse, une bassesse peut-être. Tu ne saisis jamais rien ni ta chance ni ta semoule, tu regardes le monde qui passe. Tu es un anorexique de la vie, un handicapé du désir.

Allez vas-y, sors de ton corps. Sors-y un voyage à Faro, en Islande, à Grenade. Emporte-toi. Pourquoi ne serais-tu pas capable d'intensité ? On ne parle pas d'ésotérisme mais de physique. Un corps de possibilités. Quelque chose qui touche. Mais non : tu préfères vivre dans ta peur comme ceux qui craignent de voir surgir les profondeurs de l'Océan. À cette profondeur-là. Mais non : tu préfères t'allonger dans ta petite vie, que tu juges minable, plutôt que de mettre un pied en dehors de chez toi.

Tu aimes ton état minable ? T'adores avoir des problèmes ? Tu aimes la merde ? Problèmes. C'est la vie qui doit les tabasser, les problèmes. Pas toi qui dois te faire tabasser.

Y RÉFLÉCHIR

ES-TU SEULEMENT CAPABLE DE DÉFINIR CE QUI TE RENDRAIT HEUREUX ?

Combien tu veux gagner par mois ? Avoir plus ? Voyager loin ? Plus loin que ta cage, ton petit nombril ? Tu t'es conforté dans une vie étriquée, tu ne connais pas la sensation de l'emportement. Tu n'as jamais respiré. Comment pourrais-tu souffler ? Qu'est-ce qui t'empêche de changer de vie, d'accélérer, de dépasser les limites ?
Ai-je lâché mon ambition professionnelle ? Une tornade ne lâche pas sa destination, elle accélère, s'agrippe, tient coûte que coûte.

Y RÉFLÉCHIR

LE NON DES AUTRES N'EST PAS LE NOM DE TON RÊVE.

Sors ta tornade de ta torpeur, de ton silence à jouir. Fais valser la chaise qui n'a pas bougé de son emplacement depuis que tu as pris cet appartement, et cette place dans le lit et ce plat sans saveur. Et ce même trajet tous les jours, mais lève. Soulève cette envie de monter le curseur de tes émotions, de vivre dans des paysages houleux, fiévreux. Jamais de la vie je ne m'arrêterai, à quelle heure je m'arrêterais ?

On nous a inculqué la politesse. On nous a appris à être de bons employés, de gentilles femmes et des garçons taiseux, mais je n'ai pas le goût du salariat, désolée. J'ai le goût d'être *CIO of my self,*

directrice générale de moi-même, mon rêve, ma destinée, mon énergie. Pourquoi lâcher l'affaire ?
Je suis la tornade capable de créer des énergies tonitruantes. Des chocs de rencontres. Comme dans la samba, on échauffe sa volonté, on prépare son corps à l'électricité. Sans échauffement, claquages, galères, bande d'arrêt d'urgence. Et c'est reparti pour la photocopieuse qui miaule son bourrage papier devant ta collègue amorphe. Tu n'en peux plus de cette vie de limace ? Chauffe ton esprit, déplie tes poignets, roule les hanches.

Ne rien négliger, guerrière, guéris, guerrier. On se prépare à l'intensité. On se prépare à affronter la peur, à revenir. On ne lâche pas l'affaire. On franchit tous les obstacles, possibles et imaginables. On, c'est nous. Ça suffit les : *Je ne vais pas réussir*. On produit le négatif. Le mauvais œil. On crée le réel qu'on raconte. Ce putain d'autosabotage. La force que tu as à te saboter. Tu t'arrêtes tous les 10 mètres. Tu ne vois que la barrière, borne, la limite, tu vois un. Ce n'est pas que tu voies des limites, c'est que tu es la limite.

Les gens vivent dans la peur, dans la trouille de l'échec et embrayent une énergie négative, puis plus d'énergie du tout.

Tu as peur de la réussite. Tu ne connais pas la réussite. Le désir ardent vit à l'intérieur de toi mais il est muselé. Fonce dans les carcans. Cultive ce feu intérieur qui ne demande qu'à surgir. Pratique le volcan de tes pensées, embraye ton quotidien au galop. Travaille plus que les autres. Crée ton style de vie. Ton autre vie.

MÉTHODE : SUPPRIMER SES PENSÉES LIMITANTES

1. Allonge-toi confortablement, ferme les yeux, et représente-toi l'univers qui est, par définition, sans limites.
2. Visualise la Terre depuis l'univers. Imagine-toi au-dessus de la Terre.
3. Recule. Maintenant tu vois d'autres planètes, d'autres nébuleuses, tu aperçois le Soleil. Recule encore.
4. Tes capacités sont aussi infinies que le système solaire. Chaque planète que tu aperçois est un rêve. Plus tu prends de la hauteur, plus tu aperçois tes rêves. Plus tu restes englué dans ton quotidien, *sans recul*, plus la planète disparaît.
5. Visualise tes rêves jusqu'à ce qu'ils t'apparaissent en version XXL, comme s'ils étaient fous de beauté.
6. La prochaine fois, tu pourras faire une visualisation encore plus grande, tu peux aller encore au-delà. Il y a toujours plus grand que toi.

Il est 9 heures à minuit de ta précarité. Tu as le choix. Tu veux les mêmes résultats que moi ? Le chemin sera fort. Un champ de fleurs torsadées t'attend. Sème des graines sur des milliers de kilomètres. Je te préviens, ça ne fait que commencer. Des grands rêves, des actions puissantes, un travail d'athlète.

Tu as perdu le sens de l'effort.

Tu passes ta vie à t'économiser, à essayer de te reposer de ton immense fatigue. Ça épuise de vivre médiocrement. Tu restes dans ta zone de confort qui te file le cafard. Personne va toquer à ta porte, je te l'ai déjà dit.

Lève-toi et bouillonne. Fais naître ta tornade intérieure. Pas figée dans la psyché des usages, mais aimantée à de nouvelles choses, de nouvelles personnes, comme plonger dans l'audace.

Y RÉFLÉCHIR

TOUT LE MONDE EST CAPABLE D'ALLER VERS SA PUISSANCE. TOUT LE MONDE A ÉTÉ EMPÊCHÉ D'ALLER VERS SA PUISSANCE.

Soit tu en restes à tes échecs, à tes impossibilités, soit tu entres dans le secret des pensées illimitées. Depuis que tu pratiques la visualisation, tu as appris à ne plus avoir peur de l'immensité. Tu as compris que tes capacités sont infinies comme les plurivers, tu sais maintenant déployer ta pensée. Tu fais des conjugaisons avec l'espace.

D'un point de vue professionnel, je suis allée au bout de mes capacités. Et pourtant je peux encore aller beaucoup plus loin. Nos possibilités sont infinies, il suffit de stimuler notre imagination. L'infini est possible si tu sais qu'il est possible. Si pour toi l'infini s'arrête aux murs, tu t'arrêteras aux murs. À moins que tu ne veuilles véritablement changer de peau ?

TU ES LE SERPENT

ALLER AU BOUT D'UNE IDÉE, D'UNE PÉRIODE, D'UNE FAÇON DE SE COMPORTER, PERSÉVÉRER DANS CE QUI FAIT QU'ON EST SOI, ACCEPTER SES EXPÉRIENCES, ET PUIS CHANGER : C'EST-À-DIRE ESSAYER D'APPRÉHENDER LES CHOSES AUTREMENT, POUR ENFANTER SA PROCHAINE ET LOINTAINE VIE, NON PAS SON AUTRE VIE MAIS SA VIE AUTRE. LAISSER LES VIEILLES PEAUX À QUAI, LÂCHER LES HABITUDES, LÂCHER LA PRISE QUI NOUS RETIENT À NOS ESCLAVES PENSÉES. ENVISAGER D'AUTRES

REPRÉSENTATIONS, D'AUTRES COURANTS OÙ SE BRANCHER. APPRENDRE À DEVENIR. VISER LA MUTATION. QUI N'A PAS SOUHAITÉ UN JOUR VIVRE D'AUTRES VIES DANS CETTE SEULE ET UNIQUE VIE QUI EST LA NÔTRE ?

Tu peux changer de peau autant de fois que tu voudras, tu as différents cerveaux et plusieurs vies, tu peux renaître si quelque chose ne fonctionne pas, se bloque. Tu sais transformer une mauvaise expérience en autre chose. Tu as appris à ne pas stocker les énergies mais à les transformer, à les transmuter.

Tu ne subis plus les erreurs, elles te servent de leçon pour évoluer ailleurs, autrement. Plutôt que de passer une vie à te laisser harceler à ton job, tu changes d'emploi. Pour ne pas passer d'une tyrannie à une autre, tu modifies ta façon d'appréhender le travail. Pas d'avenir en dehors d'un CDI. Un CDI c'est le minimum. Sinon quoi ? Sinon, tu penserais différemment ? Tu découvrirais qu'on peut exister sans CDI ? Et même vivre mieux ? Tu penses quelque chose que tu ne pouvais pas appréhender auparavant, qui était *un impensé*. Tu ne pouvais pas le penser.

Plutôt que de continuer dans le marketing, tu décides de faire une formation de chapelière, ou d'ébéniste, ou de médecin. Tu apprends un nouveau métier, une autre façon d'envisager ton avenir. Tu plaques tout et tu ouvres une maison d'hôte écologique. Tu veux importer des pailles en noix de coco. Tu veux construire des villages pour les personnes âgées. Tu voudrais créer des maisons sous la terre. Tu envisages d'autres contours, d'autres couleurs. Tu innoves. Créer du nouveau, ce n'est pas copier les idées des autres, mais s'en inspirer.

Tu as eu plusieurs enfants. Tu n'as pas forcément pris soin de toi ces dernières années, tu n'en resteras pas là. Tu vises un tout autre corps, tu es experte dans les changements de silhouette, dans les métamorphoses. Tu as pourtant tout construit. Tu as de nombreux amis, une chouette maison, une bonne situation, mais tu t'emmerdes, tu tournes carré. Tu as envie d'aventure. Tu es arrivée au bout d'une histoire d'amour.

En réalité, tu n'es plus cette personne qui aimait follement son conjoint, tu veux d'autres amours, tu veux respirer un autre air. Tu étouffes dans ta vie de père ou mère de famille, tu es épuisé. Tu es devenu capable de lâcher ton ancienne peau pour engendrer un nouveau serpent plus beau, plus majestueux. Tu avances comme Cobra, avec de plus en plus d'allure, de confiance en toi. Un cobra ça fait peur, ça en impose.

Tu as une maturité hors du commun, une capacité à métaboliser l'événement, en en faisant autre chose.

ÉTAT DES LIEUX : VERS NOS MUTATIONS

Une rupture devient une chanson d'amour.
Un traumatisme reconfigure ton existence.
Une fille frigide devient excitante sous une autre langue.
Un chauve devient magnétique sous d'autres cieux, d'autres regards.
Tu as été licencié ? Tu montes ton entreprise.
Tu n'as plus d'argent, tu veux devenir riche.
Tu n'en peux plus de ta vie matérialiste et artificielle, tu pars au Tibet.
Tu es capable de profondément te régénérer quand tu sens que tu es allé au bout d'une expérience.
Tu es arrivé à un tel stade que tu ne subis plus.
Tu es capable de mutation, capable de faire advenir d'autres fantasmes, de faire naître un autre continent.

Si seulement ça pouvait être vrai ?
Si seulement tu pouvais t'extraire de ta condition, de ton passé, de ton corps qui te colle aux basques comme une huile grisonnante résiste au fond d'une friteuse.

Le serpent fait peur car il a un énorme pouvoir, et notamment celui de la résurrection. En quittant sa peau pour en avoir une nouvelle, cela va-t-il faire de lui une autre personne ? Quel autre pouvons-nous devenir sans nous perdre ? Peut-on devenir vraiment quelqu'un d'autre ?

Un serpent renaît serpent. Jusqu'à preuve du contraire, il ne deviendra jamais dauphinou. Cobra reste Cobra. Peut devenir Meilleur Cobra. C'est ta peau qui va tomber, pas toi. Pour faire apparaître le même corps, sous un angle différent. Sous une autre température.

Et c'est précisément les rencontres qui vont faire de nous des personnes nouvelles. Rester toujours avec les mêmes relations nous oblige d'une certaine manière à cultiver ce que nous sommes. Nous persistons dans un schéma, et les autres s'encastrent dans notre structure. Et ça fonctionne. Je suis malade, tu me soignes. Je n'ai pas confiance en moi, tu me protèges. Je suis paresseuse, tu me boostes. Je ne t'aime pas, tu me veux.

Mais si nous allons vers d'autres personnes, soudain nous nous sentons nouveaux, comme étrangers à nous-mêmes, nous faisons de la place pour du nouveau.

Comment se fait-il qu'avec Robert je suis cette blonde fadasse et qu'avec Jean-Mouloud je deviens cette excitante prof de mathématiques ? Tu as plusieurs vies en te connectant à tes relations. Tu peux décider de vivre de différentes façons, en fonction de ce que tu veux donner, de ce que tu as besoin de vivre. Tu peux être dans une relation éphémère avec Marguerite, ou dans une relation intense sur le plan cérébral avec Alphonse.

En amour, j'ai appris qu'un obstacle – un non – n'est pas une fin, c'est la fin de l'étape. Mais je peux renaître. Je peux muter, je peux faire évoluer une relation. La personne qui a quitté une relation amoureuse, une expérience, va souvent devenir quelqu'un d'autre dans la prochaine relation. Une personne qu'elle ne pensait pas être. Les relations foireuses apprennent. Une relation permet la seconde.

LA BARQUE DE L'EXPÉRIENCE

Une femme est sur une barque, seule.
Un homme prend une rame, il lui laisse l'autre.
Il avance avec elle.
À un moment donné, il descend de la barque et la pousse sur une autre barque où elle rencontre quelqu'un. Elle gagne la rive.
Un homme lui tend la main.
Elle est blonde avec le pousseur de barque et brune avec celui qui est sur la rive.
Le chemin n'est jamais tout droit.
Peut-être que la femme que je suis aujourd'hui ne correspond pas à l'homme que j'aime, et peut-être me faut-il plusieurs expériences, plusieurs changements de peau pour l'atteindre.

Rien ne sera jamais définitif, et c'est même le contraire : je peux devenir autant de personnalités que je veux, car les véritables expériences éprouvent, épuisent une façon d'être.

Y RÉFLÉCHIR

QUELLES RENCONTRES, QUELS AMOURS NOUS AUTORISERIONS-NOUS SI NOUS ÉTIONS UN AUTRE ?

Les gens passent une vie à croire qu'ils sont comme ils sont et que rien ne peut changer. Tu as appris qu'en bougeant de place, tu pouvais recevoir le soleil de dos ou ras la gueule. Eh bien c'est la même chose concernant ton lien avec les autres. En fonction des alchimies, des attractions, des complicités, une partie endormie de toi se réveille, se met en mouvement, te pousse à la nouveauté, te sort de tes habitudes, pour devenir une meilleure version de toi.

Les rencontres comme les expériences, si on est capable seulement de comprendre que nous ne sommes rien d'autre qu'une relation à l'autre, à l'expérience, à un environnement, à un contexte[9]... et que donc tout peut changer perpétuellement.
Tu as un métier, un amour, un camping-car. Tu as une seule chose. Une seule opportunité. Tout est défini. Mais rien n'est défini.

9 Oui, le contexte est mon obsession.

NOUS
NE SOMMES
QUE DES
CAPACITÉS
À
AGRANDIR.

Nous ne sommes que des possibilités d'agrandissement, de déploiement et nous n'utilisons souvent qu'une infime tonalité de nous-mêmes.

Nous sommes plusieurs amours et plusieurs corps. Plusieurs qualités. Plusieurs métiers. Nous sommes plusieurs opportunités. Pourquoi se réduire l'esprit à penser que nous ne serions qu'une seule période dans la vie ? Tu es une confiture, un réduit ? Nous sommes une vie dans une vie et nous pouvons à tout moment stimuler de nouveaux objectifs, attiser de nouvelles textures. J'ai envie de devenir maquilleuse, alors que je suis assise dans un bureau depuis vingt ans. Ancienneté. Prime d'ancienneté. Je vais perdre la prime d'ancienneté. Je veux une autre vie.

Je t'entends dire que c'est TROP TARD, que c'est IMPOSSIBLE, que les données sont ce qu'elles sont et qu'on ne peut pas toujours tout chambouler. Je t'entends me parler de ton mal-être, de tes crédits, de tes complications innombrables, de ton corps que tu voudrais différent, de ton mal de dos, de ton acné. Et cette phrase qu'on entend partout : s'accepter comme on est. Oui et non. Accepte qui *tu es* pour aller vers qui tu pourrais *devenir*. Être. Devenir. Demeurer ici. Partir là. Deux civilisations. Deux façons d'appréhender le monde.

Tu peux aussi choisir comme le serpent de t'améliorer de vie en vie, car tes ressources sont maintenant illimitées. Ce n'est pas parce que tu es tombé 10 fois que tu te planteras une 11e fois, sauf à l'avoir toujours espéré secrètement. Ce n'est pas parce que tu as toujours tout foiré, que tu es condamné à une fin de vie.

Le serpent arrive à de telles intensités qu'il sort littéralement de son corps. Sortir de son corps comme renoncer à un ancien corps pour en faire apparaître un autre. Ce n'est pas que tu deviens nouveau, c'est que tu perds ton ancienneté, ton capital, ton doudou. Tu abandonnes ce par quoi tu tenais, ce par quoi tu te structurais. Ça fait peur n'est-ce pas ? Et c'est là que ça devient intéressant.

Y RÉFLÉCHIR

SERPENT NE PEUT RENAÎTRE QUE PARCE QU'IL ACCEPTE DE RENONCER À CE QU'IL ÉTAIT.

Renoncer au CDI ? Au confort d'une vie ? Renoncer à une certaine image de soi ? À ses repères qui se sont transformés en rituels rassurants, en carapaces protectrices ? Renoncer à ses protections ou à ses illusions ? Renoncer à un amour qui n'existait pas ? Renoncer à quoi pour renaître où ? Et comment ?

Il s'agit véritablement de *sortir* d'une réalité fixe, de quitter en quelque sorte une prison. Quitter un lieu, une fixation, pour entrer en résonance avec la temporalité, le mouvement, en quête d'étapes, de périodes, d'évolution, de transformations.
Je t'entends souvent dire que tu veux changer mais tu ne vas jamais au bout du changement, tu capitules au bout de quelques mètres.

Comment fait-on pour régénérer la meilleure partie de soi-même ? Comment vas-tu faire ? Tu vas commencer par identifier la moins bonne partie de toi, celle qui te tient au corps, qui te structure et que tu as tant de mal à lâcher. Celle qui te procure de larges bénéfices. Nous l'avons vu tout à l'heure. C'est quasiment automatique : en *lâchant* quelque chose, quelque chose d'autre va arriver, à commencer par de l'espace qui va croître dans ton être, dans ta tête pour laisser place à autre chose...

Naturellement, les choses se font. Tu ressens quand il est temps de lâcher ton ancienne peau pour découvrir la nouvelle. Introspection. Réfléchir. S'asseoir. On y va.
J'envoie le premier serpent : j'ai toujours cru que j'aimais être avec les autres, je découvre que j'aime la solitude.

VOIX DU SERPENT QUI SIFFLE SUR NOS TÊTES

Quelle perception as-tu de toi ?

Qui voudrais-tu devenir ?

Quelle peau vas-tu accepter de perdre ?

Jeune femme. Nouvelle femme. Femme mature. Homme régénéré, fragile décomplexé, homme libre. La mutation se fait différemment d'une personne à l'autre. Prenons l'exemple de la maternité ou de la paternité. Entre le premier et le deuxième enfant, on n'est pas le même parent. On n'aborde pas les choses de la même façon. La perception que tu as de toi est mauvaise, mais si tu es prêt à quitter, à perdre quelque chose qui te maintient dans cette façon de voir, plus spectaculaire sera ta transition. Et il te faudra accepter que le changement influence ton entourage, qui est souvent la dernière personne à t'accompagner dans de nouvelles aventures.

MÉTHODE : SERPENTER

Point de départ. Je **SUIS** inutile.
ÉTAPE 1. ON A DIT que j'étais inutile.
ÉTAPE 2. Je me **SENS** inutile.
ÉTAPE 3. Je me sens inutile A**U MOMENT OÙ JE LE DIS.**
ÉTAPE 4. ME SENTIRAIS-JE INUTILE SI
je m'impliquais à fond dans une activité ?

Je suis inutile.
Je suis moche.
Je suis étrange.
Je suis stérile.

Tu te calmes. *Step by step*, chacun a son *timing* personnel. 3 jours, 6 mois, 3 ans, le changement n'est pas forcément radical, j'aime la progression. J'étouffe. Bim. Je sors. La pièce manque d'air, ton existence manque d'air. On commence par de petites trouées. Flllllllllllllllllly. On commence à lâcher deux ou trois choses qui nous étouffent pour apprendre à respirer.

COMMENT RESPIRER UN AUTRE AIR SI ON AVANCE AVEC DES CASSEROLES DANS SON *TOTE-BAG* ?

J'avais cette force, bizarrement – purement physique –, cette capacité de mutation. Je pensais être immunisée contre tous les chagrins du monde et je suis retombée, mais au lieu que ma blessure dure trois cents ans, ça m'a plongée deux jours. La cicatrice gratte, mais je ne fais plus la démarche de l'ouvrir au couteau.

Les hommes m'ont fait du mal. J'arrive désormais à aimer cette part de mauvais qui m'est arrivé. J'ai su aimer cette personne qui a souffert. Dans la mutation, on doit accepter ce qu'on a vécu au sens de le reconnaître, de le formuler clairement. Tant qu'on n'accepte pas les épreuves qui ont été les nôtres, tant qu'on est dans le déni de ce qui nous est arrivé, et qu'on camoufle toutes nos douleurs pour préserver une vie possible, on ne peut pas passer à un stade supérieur. On erre dans le labyrinthe.

Y RÉFLÉCHIR

POUR MUTER, IL FAUT ACCEPTER SON PASSÉ.

Je m'en voulais de pleurer quand je me suis aperçue que ça ne donnerait rien de poursuivre avec cet homme. Je me disais : *t'es intelligente Lalaa, t'es serpent, qu'est-ce qui ne va pas, pourquoi tu pleures ?* Je me suis laissée le temps de redescendre, j'ai laissé les émotions couler, j'ai remis les choses dans leur contexte : *il est juste pas fait pour moi, ce n'est pas grave, passe à autre chose.* Je pensais être arrivée à la meilleure version de moi-même et ne plus jamais voir du brouillard, j'étais convaincue de pouvoir créer de l'énergie immédiatement avec tous mes problèmes. Je n'imaginais pas que le brouillard pourrait à nouveau m'envelopper, m'engluer.

Mais le brouillard a été court. Ne vous dites pas à la moindre tempête, *ça ne fonctionne pas. Tout ce que j'ai cru surmonter s'effondre, voilà je pleure. Ça n'a pas fonctionné.* Rien ne se construit en une heure moins le quart, la clef est de tenir dans la durée : ne pas s'effondrer. Les gens s'effondrent comme s'ils étaient hypnotisés par le sol.

Ceux qui ont envie d'une vie nouvelle, d'une vie meilleure, vont être confrontés au brouillard à nouveau, et ça va les anéantir. J'ai fait tout ce qu'elle a dit dans le livre, et je m'effondre. Je suis encore tombée. Ma vie est placée sous la malédiction. Je n'ai pas de chance. Tu me fais penser à ma prof d'histoire qui nous parlait de Talleyrand.

SO STORY

Un jeune mec vient voir Talleyrand pour avoir un travail. Ça se passe au XVIIIe siècle.
La diplomatie. Le clergé. L'honneur. Le discernement.
Le gars a passé des tas de tests pour avoir le poste de secrétaire en chef.
Un job auprès de Talleyrand ! L'homme d'État le plus influent de l'époque.
Il a le job, va pour le remercier.
Il lui dit : *Merci, merci Talleyrand, j'ai tellement de chance d'avoir obtenu cet emploi.*
Et Talleyrand lui répond cinglant :

Vous croyez en la chance ?

Eh bien je vous licencie sur-le-champ.

Prenons maintenant l'exemple de ma fille. Elle s'énerve, ne supporte pas l'échec, car elle n'arrive pas à dessiner les yeux d'un personnage façon manga. Je lui dis : *tu es née tu ne savais pas tenir un stylo, tu as appris à écrire, tu vas apprendre à dessiner, il faut t'entraîner*. Une victoire. Un échec. Bomm. Reloof. Yessssssss. Je poursuis : *plus tu t'entraîneras, plus tu réduiras ta probabilité d'échouer. Mais recommence, recommence, continue*. Soit on gagne soit on gagne. Car quand on perd, on peut alors réfléchir à pourquoi on a perdu et recommencer à tenter. Elle m'a écoutée. Elle a hésité. Elle a recommencé de nombreuses fois. Ma fille sait aujourd'hui dessiner des personnages de manga.

Le serpent change de peau parce qu'il a compris les épreuves qu'il a traversées. Il en a tiré la leçon. Champagne !

TU ES L'EUPHORIE

RESSENTIR L'EUPHORIE, C'EST EN REVENIR À L'ÉTAT AMOUREUX. QUAND ON HABITE UNE AUTRE PLANÈTE ET QU'ON EST CHAUFFÉ PAR LA JOIE, QUE TOUT NOUS PARAÎT FACILE, ET QU'ON EN REDEMANDE. ET PUIS ÇA MONTE, ÇA VIREVOLTE COMME UN VERTIGE. UNE EXCITATION. ON A ENVIE DE PARTIR AU BOUT DU MONDE, DE COURIR EN L'AIR, DE FAIRE DES CHOSES EXTRAVAGANTES. ON EST SPONTANÉ.

**ON SE SENT BEAU,
SHOOTÉ À L'ENTHOUSIASME.
ET POURTANT NOUS AVONS VÉCU
DES ÉPREUVES. ET PARCE QUE
NOUS AVONS CONNU LE PIRE,
ET QUE NOUS L'AVONS TRAVERSÉ
– SURMONTÉ –, NOUS NOUS
SOMMES RÉCONCILIÉS AVEC
LE MONDE. NOUS AVONS RENOUÉ
AVEC NOTRE REGARD D'ENFANT.
NOUS ÉPROUVONS LA CAPACITÉ
D'ÉMERVEILLEMENT.**

Ton euphorie est ta capacité de soleil, d'ivresse. Tu as une force solaire, comme si, pendant l'hiver, tout en toi relevait pugnacement de l'été. Tu voyages dans le monde entier (ou dans ta ville ou dans ta tête ou depuis ton lit), tu foules les terres nouvelles et les sentiers libres. À chaque fois que tu rencontres quelqu'un, tu fonces vers lui avec un large sourire, une empathie. Tu débarques dans la vie des gens comme un ovni pétillant, une comète. Une gaieté. Un élan. Et tu es émerveillé. Tu ris, tu t'excites pour la pomme d'amour à la fête foraine, tu te réveilles à Los Angeles de la vie.

Tu prends ta voiture pour voir le soleil s'éparpiller d'orange et de mauve chaque matin. Tu traverses des spots extatiques, avec des chemins de sable et des cocotiers surfeurs. Rien de commun à une vie hors normes. Tu ne connais pas les gens, mais tu parles avec eux, avec tous. Avec Jeff le SDF à qui tu serres la main, avec Ruth la caissière, avec Jen la tatoueuse.

Tu vois des putains de levers de soleil dans ton building tout gris et ta cage d'ascenseur puante qui ne fonctionne pas. Tu es ici et là et surtout ailleurs. Ici-là. Tu n'en reviens pas que tes enfants te sourient le matin. Est-ce cela qu'on appelle la joie ?

Les pigeons pas très beaux te font penser à de petits oiseaux frais comme une salade de mangue au sésame. Tu leur parles, tu les photographies, tu les regardes s'embrasser. Ça t'émeut. Leur façon de s'approcher. Est-ce qu'on sait que les plantes nous regardent ? Ça aussi ça t'émerveille. Tes vingt-cinq plantes à qui tu fais écouter de la soul : elles kiffent. Quand tu emmènes ton fils au zoo, tu parles le langage des éléphants. Tu les salues en déployant ton bras en forme de cornemuse devant les adultes qui t'observent gênés. Les enfants, eux, te regardent comme un Haribo de mille mètres. Tu es la fraîcheur, la bouleversante de la vie.

Y RÉFLÉCHIR

« JE VAIS VOUS DIRE TROIS MÉTAMORPHOSES DE L'ESPRIT : COMMENT L'ESPRIT DEVIENT CHAMEAU, COMMENT LE CHAMEAU DEVIENT LION, ET COMMENT ENFIN LE LION DEVIENT ENFANT.[10] »

Ou alors les oiseaux qui sont des mangues sont les signes de ton envol vers l'Afrique ! Toi aussi tu veux faire l'oiseau ! Tu voles, tu cours ! Et tu en veux encore ! Un voyage ! Une nouvelle idée ! Tu viens de découvrir quelque chose !

Je ne sais pas. Une question existentielle qui te fait changer de point de vue sur le monde. Les sandwichs au thon avec de la mayo au lait d'amande. Un film qui te bouleverse. Cette série turque que tu as adorée où la jeune héroïne découvre le désir. Elle entend la bouilloire frémir, et son corps se met à résonner. A-t-on déjà vu quelque chose d'aussi beau, d'aussi frais ? C'est plus fort que toi. Tu as envie de partager ce qui te touche, de transmettre ton énergie humaine.

10 Le philosophe F. Nietzsche, *Ainsi parlait Zarathoustra*.

Le moindre truc te rend euphorique. Les endroits crado avec une surcharge de saleté te font apercevoir la mémoire d'un lieu, ce qui les rend excitants, chargés d'histoire. La pluie devient un moment de plénitude, tu adores rester sous ta couette, à écouter les gouttes tomber. Ta douche est un rituel énergétique, où tu imagines l'eau nettoyer tes énergies négatives.

Ta manière d'apprécier chaque moment est toujours différente. La vie est pour toi le festin du ciel dans ce rêve que tu crées.

NOUS SOMMES LES GITANS DE LA VIE.

Mon poto, ne me fait pas croire que je parle de toi. Tu aimerais être cette personne-là, mais t'es blasé enflure. Tu ne t'étonnes plus de rien. Deux et deux font six et t'en as rien à foutre. Tu ne dégages pas tes yeux. T'as tout vu, tout vécu, soi-disant tu connais toutes les villes. Tu as vu tous les films.

Rien ne t'étonne plus. Tu connais tout par cœur, mais il est où ton cœur ? Tu vas toujours au même bar. Tu manges toujours le même burrito, le même sandwich dinde-curry. Tu aimerais partir sous les Tropiques pour exciter ton âme de trouillasse. Même aux Tropiques, ça ne changerait rien. Tu resterais dans ta chambre d'hôtel parce que tu ne connais personne et tu ne sais pas comment on fait pour rencontrer les gens. Repère et réconfort. Un jour, il faut lâcher son petit tas de merde. Ses possessions de merde. Ses habitudes ancrées dans leurs croûtes.

Tu ne sais pas dire *Hello les gens, je viens d'arriver, vous pourriez me dire où je peux trouver le spot le plus magique qui soit* ? Tu voudrais te lancer dans l'existence avec cette tignasse de soleil, cette envie de changer le monde, mais les gens sont sombres avec eux-mêmes. Ça me donne envie de pleurer. Les gens sont tellement cyniques.

MÉTHODE : APPRENDRE À VOYAGER

ÉTAPE 1. Trouve la destination qui correspond à tes émotions : du calme, du chaud, du mouvement, du profond ?

ÉTAPE 2. Privilégie un départ seul. Tu ne dois pas avoir peur d'être seul, voyager dans un autre pays, c'est faire place à un silence en soi, afin de se permettre d'accueillir du nouveau.

ÉTAPE 3. Apprends à te perdre dans les rues, à ressentir les lieux, à t'imprégner des paysages, des monuments, des énergies, des éléments, des odeurs, de l'histoire d'un pays.

ÉTAPE 4. Soit ouvert à l'imprévisible. Voyager, c'est partir de ce que l'on connaît, et accepter les imprévus de sa propre vie.

Pourquoi es-tu incapable d'émerveillement ? Pourquoi ce rire gras et supérieur de celui à qui on ne la fait pas ? Nous Les Intelligents Supérieurs Qui Savons Tout ? À partir de quelle heure elle te fait chavirer ton Intelligence Suprême ? Pourquoi se repaître de ce qui est laid quand on est si intelligent ?

Y RÉFLÉCHIR

POURQUOI JE FAIS TOUJOURS LA GUEULE ?

On dirait que tu as le nez planté dans les merdes, les saletés de l'existence. Ou est-ce que tu fais popo dans ta culotte pendant que tu me parles ? C'est quoi ton problème à passer ta vie à guetter ce qui foire ? À commencer une journée en maugréant, en méprisant, en te foutant de ceux qui likent des TikTok de bouffe. Ça te gêne en quoi que je like la graille ?

Les gens sont méprisants du goût des autres, ce sont des fermés. Des obtus tellement frustrés d'eux-mêmes qu'ils cherchent à détruire la beauté. La jeunesse du monde.

Y RÉFLÉCHIR

SUIS-JE OBTUS ? RIGIDE ? POUR QUELLE RAISON JE ME FERME AU MONDE ?

Tu es blasé. Tu passes des heures à faire du shopping, à vouloir tout acquérir, comme s'il fallait sans cesse monter ton niveau de dopamine. Et la crème au collagène. Et l'huile à la carotte. Et les pailles en bambou. Et les cols roulés. Et la console. Et un nouvel écran 28 pouces. Et une montre pour calculer ta cohérence cardiaque. Et les gélules au curcuma bio. Et la brosse à cheveux en poil de chameau. Et le gloss. Et les bottes. Et les baskets. Et encore des baskets.

J'étais ce genre de personne. Une loutre boulimique d'achats. Shootée à la récompense trébuchante. Il me fallait toujours plus, tous les jours, je ne pensais qu'à acheter. C'était devenu ma drogue, mon orgasme.

Un jour ma carte bleue a été bloquée. Laminée Lalaa. J'ai dû tout arrêter. J'ai dû commencer à inventer d'autres joies, à chercher d'autres souffles. J'ai commencé à ressentir le rythme du vent dans mes cheveux, le sourire du soleil me rentrait dans le corps. Je n'avais plus de sous, mais la lumière me rendait heureuse. Et je me suis sentie libérée.

J'ai levé les yeux et j'ai vu un tag rouge et or où il était marqué MA LOUVE et j'ai trouvé ça magnifique. Et je me suis dit, *je peux être pauvre, mais une chose que je sais est que le soleil est gratuit.* Pauvre ou riche, je pourrai toujours le ressentir sur ma peau. Le sable est libre que je vive dans un palace ou un camping.

Et dans les boutiques, les mots se sont mis à rêver. Boucherie ça faisait Bouche Chérie. Et je voyais des Retoucheries. Et ça me touchait oui. Et c'était reparti pour une pomme d'amour. Et je disais, oui, oui, je voudrais bien moi aussi sentir l'odeur de ton cœur battre sur ma peau. Et c'est là que j'ai commencé à parler avec tout le monde. Je suis devenue ce désir fou de tout connaître, de tout vouloir toucher. Comme un Kompas haïtien avec des bulles de champagne et des morceaux d'ananas.

Moi qui étais supertimide plus jeune, je suis devenue la femme la moins craintive de la terre. Aujourd'hui, je suis cette fille qui aime rencontrer les autres.

LES
RENCONTRES
N'ONT PAS
DE HASARD
MAIS
DES AILES
QUI LES
POUSSENT.

Les vagues s'agitent dans tous les sens quand je foule mon pied sur chaque pays, chaque culture. Je veux découvrir les autres. Mais les clans rassurent. On préfère rester entre nous. Ma meute. Mes amis. Mon équilibre. Ma torpeur.

Et pourtant c'est miraculeux de partir seul à l'autre bout du monde. De descendre de l'avion et de sentir cette langueur qui te caresse. Et ça y est, tu l'as fait, tu es libre. Tu vas pouvoir découvrir ce que jamais tu n'aurais dû découvrir.

Quand je suis à l'étranger. Je veux tout voir. Tout faire. Je suis à New York à 3 heures du matin à danser. J'y vais. J'affole. Majestueuse. Tête haute. Je suis à fond. Je prends le chaud. J'accepte tout ce qui se présente. Je suis confiante, car l'euphorie attire l'euphorie, aimante des gens *cool* et reconnaissants qui font de ma peau une étincelle.

Il faut laisser les Portes Ouvertes pour que quelque chose de beau et de fort surgisse, quelque chose d'imprévisible qui fait qu'on sera comme des fous en courant mon amour toi et moi main dans la main.

Ensemble ou seul, l'euphorie, parce que ça commence toujours avec soi, dans la joie de sa propre présence. Danser tout seul. Tout donner. Danser dans l'eau en faisant des largesses, des clapotements de valses. Bras ouverts sur le dos comme une lionne langoureuse. Écouter la musique dans l'eau. Kiffer d'être avec soi-même. Ancré dans le sol, suave dans la mer, et recharger ses batteries de soleil et de forêt. Cette puissance que la terre peut t'offrir. Rayonner de chaleur par l'intérieur.

Ton crush vient de t'envoyer un texto d'amour fou, ton cœur palpite à dix mille vagues. C'est cette énergie-là que tu vas aller chercher. Celle des miracles morphings. Des agrandissements de couleurs. Des vies bénies.

Beautiful

TU ES LE TEMPLE

LE CORPS EST LA SEULE CHOSE DONT NOUS NE POUVONS PAS NOUS PASSER. TOUT CE QUE NOUS ALLONS LUI FAIRE SUBIR EN L'OUBLIANT, EN NE LE PRENANT PAS EN CHARGE, ANNÉES APRÈS ANNÉES, NÉGLIGENCES APRÈS NÉGLIGENCES EST UNE FAÇON DE NOUS DÉTRUIRE SANS NOUS L'AVOUER, DE DÉTRUIRE NOTRE SOCLE DE CONFIANCE. TOUT LE BIEN QUE NOUS ALLONS OSER NOUS DONNER, DE FAÇON ILLIMITÉE, EXCESSIVE, DRESSERA UN HORIZON DE PAIX MAIS AUSSI DE RESPONSABILITÉ. EN DÉCIDANT DE NOUS FAIRE DU BIEN

**MAINTENANT, NOUS DEVENONS RESPONSABLES DE CE QUE NOUS ALLONS BÂTIR. UN ABRI DE JARDIN PISSEUX ? UNE MAISON ABANDONNÉE, HANTÉE ?
UNE PAILLOTE QUI S'EFFONDRE À LA MOINDRE TEMPÊTE ?
UN TEMPLE PUISSANT ET SEREIN ?**

Ça s'est passé du jour au lendemain, années après années. Après avoir réfléchi longtemps, après avoir échoué souvent, après s'être méprisé, maltraité, haï. Un jour de réflexion, un jour où tu as réuni les conditions pour effectuer un choix, tu as décidé de prendre soin de ton corps, de te considérer comme la plus belle personne qui soit.

PRENDRE
EXCESSIVEMENT
SOIN DE SOI
N'EST PAS
DU
NARCISSISME
ROYAL.

Le temps pour soi est le socle d'amour pour s'affirmer dans le monde. Prendre soin de toi est devenu ta vertu principale, ton luxe. Prendre du temps pour toi. Entre tes enfants, tes parents, ton travail, ton conjoint, ton célibat. Entre les repas. Les merdes de la vie quotidienne, les sprints, les rages, les problèmes de santé. Tu as réussi à placer ton corps en priorité, de façon à ce qu'il rayonne de confiance et de solidité. De façon à ce que ton corps retrouve la santé et la force. De façon à ce que l'énergie qui s'en dégage aille pour tes enfants, ton travail, tes amours, tes amis, tes projets, Netflix, toi-même, dans le sens que tu voudras.

Ce n'est pas que tu aimes ou n'aimes pas faire du sport, c'est que tu as compris que le mouvement quel qu'il soit te permettra d'avoir une vie meilleure, te permettra d'anticiper l'avenir. Moins tu en fais aujourd'hui, plus tu paieras l'addition demain, un jour plus vite que l'autre. Lentement, insidieusement : épuisement, chute de tension, insomnies, douleurs aux articulations, difficultés à se mouvoir, à monter un escalier, et puis un jour tout s'effondre.

Alors tu as décidé de te tourner vers ce qui te fait du bien : la danse, le vélo, la natation, la marche, le yoga, le stretching. Tu ne considères pas ton corps comme une vieille godasse dégueulasse dont on n'a plus rien à foutre. Tu es aujourd'hui la première des bénédictions. Oui, ça prend du temps de s'aimer, de se construire, de se renforcer.

Ce n'est pas que tu as un corps, c'est que ton corps est un temple sacré. Tu as décidé de lui donner ce que tu estimes le meilleur, le plus régénérant, le plus doux. Tu es capable de faire une sieste 30 minutes par jour pour récupérer, tu as appris à cuisiner ou à te faire livrer – on s'en fout – ce que tu estimes bon pour ta santé.

Tu es capable de te regarder dans un miroir et de décider de passer du temps à voir ce que tu as envie d'améliorer, petit à petit, mais surtout à t'aimer, à te considérer. Ta cellulite est la dentelle de l'amour, tes cicatrices la trace de ton courage. Tes seins ne tombent pas, ils s'offrent à la lourdeur et à la lenteur du temps. Tu prends ce temps pour tes cheveux, pour te mettre de la crème sur les pieds. Tu prends le temps pour des douches toniques ou des bains bouillants. Tu prends de plus en plus de temps pour toi, et plus tu prends du temps pour ton corps, plus ton esprit s'éclaircit, et devient disponible pour les autres. Ce n'est pas que tu retires du temps aux autres, c'est qu'en te donnant ce traitement de faveur, tu deviens une personne amoureuse. Riche de toutes ses ressources que tu t'accordes. En paix. Enfin disposée à enrichir ta relation aux autres.

Y RÉFLÉCHIR

LE VRAI LUXE, L'ÉMANCIPATION VÉRITABLE, EST LE TEMPS DONT ON DISPOSE POUR SOI.

Alors, oui tu deviens beau ou belle. Ce n'est pas que tu es smart, c'est que tu le ressens. Tu as confiance en toi. La confiance en soi est l'énergie qui traverse le corps. Alors oui, tu te sens bien. Alors oui, tu ressens quand tu marches une posture, une verticalité, avec tes rondeurs, ta maigreur, on s'en tape, avec ce que tu es. Là où tu te sens bien.

Nous sommes vers la fin du livre et tu me renifles d'un œil de taupe, en suçant ton Coca et ton trésor de chips barbecue. Je sais ce que tu penses. *Ben oui ma go, je vais prendre un bain aux algues désodorisées, bien sûr ma chérie que j'ai le temps de me tartiner à la Strawberry Poundcake. Et je vais me mettre bien toute la soirée.*

Tu as vu mon entreprise, tu as vu mes dettes, tu as vu que je dois amener mon fils qui fait des crises d'angoisse chez le psy, et ma fille à la capoeira ? Tu as vu que je dois remplir le frigo ? C'est Lalaa qui va m'enrichir le frigo ? C'est Lalaa qui va réparer l'aspirateur ? Shampouiner le dog ? Et tu recommences à trouver des prétextes gluants pour ne pas t'occuper de toi, comme si prendre soin de toi était une option.

Qui a dit que tu pouvais te passer de ton corps ?
Qui a dit que tu pouvais être un pur esprit oublieux de lui-même ? Je te parle de ton pays béni, de ton habitation amoureuse, pas d'une obscurité. Je te parle d'un socle sur quoi rien de vrai ne pourra se fonder si tu te renies. Je te parle de puissance énergétique, de lumière qui est la tienne et que tu sapes en permanence.

Mais vois comment tu te regardes ! Tu as une image de toi tellement déplorable qu'on te dirait pasteurisée à la cire. Tu pues l'abandon et la tristesse. Et tu nous maquilles ça sous des tonnes de prétextes, sous des impératifs. Les seules obligations qui existent envers tes enfants, ta chérie, ton chéri, ton matou, c'est d'être présent à toi-même pour être présent aux autres et au monde.

LE
CORPS
EST
TA
PREMIÈRE
VÉRITÉ.

Crois bien que mes enfants, tes enfants, ont envie d'une mère et d'un père qui renvoient une image d'eux-mêmes forte, confiante, et pas seulement un reflet. Un corps. Une réalité palpable. Je me fous des théories au barbecue. Ta façon de te prendre en charge ou de te prendre pour une décharge va leur indiquer la voie. Tu construis un temple pour toi, pour faire naître de petits temples, pour faire que les gens se considèrent. Et ça commence par le corps. Jusqu'à quand tu vas te maltraiter ?

Tu n'es pas une absence, une ignorance, un fantôme, un exilé de la physique. Ce n'est pas que tu as un corps, c'est que tu es un corps. Tu es des organes. Des poumons et un cœur. Tu es une colonne vertébrale qui se redresse ou se tasse. Un squelette et de la graisse. Tu es une mâchoire et une dentition. Tu es de l'eau et du sang. Tu es ligament, tendon, muscle. Oxygénation, battement du pouls. Tu es la chaleur de la peau excitée par le soleil et l'affolement de l'amour. Tu es l'ancrage. Le pied. La course.

Tu es un corps qui a besoin de recevoir un amour excessif, régulier, comme les plantes appellent le soleil et l'eau pour vivre. Cesse de t'ignorer et de te maltraiter. Cesse de dire que tu es pourri et que personne ne veut de toi. C'est ton regard qui est malade, c'est ton esprit qui cultive le mépris de soi. Cesse de dire j'ai mal au dos et de ne rien faire depuis des années. Tu as mal au dos. Te fais-tu masser ? Fais-tu des exercices d'assouplissement ? Et pourquoi tu n'en ferais pas ? Parce que tu n'as pas le temps d'aller mieux ? Ou parce que tu fais tout pour ne pas prendre le temps d'aller mieux ?

Pendant longtemps mon miroir était mon pire ennemi, car il reflétait la partie sombre de ma personne... Je ne voyais que mes défauts, je me trouvais horrible, dégueulasse, moche, grosse... Je pleurais des heures à contempler le monstre que je pensais être. Mes burritos, mes bourrelets, ma cellulite. J'ai décidé que je méritais de me regarder autrement, de me considérer avec amour et bienveillance, de m'offrir tout ce qui pourrait me rendre encore plus heureuse !

Y RÉFLÉCHIR

TOUT PART DE QUOI ? D'UNE DÉCISION DE CONSIDÉRATION.

Qu'attends-tu pour t'aimer ? Qu'attends-tu pour te laisser aimer ? Ton corps est précieux, comme le diamant d'une félicité suprême, qui exige le respect. J'offre à mon corps MON respect, mais j'exige également le respect d'autrui ! NON, n'importe qui ne peut pas toucher mon corps... NON, mon corps n'est pas un objet, un steak, une malédiction. Mon corps est le temple qui abrite le souffle de mon âme et seule une âme élevée peut entrer en connexion avec lui.

Dans les moments de doutes, mets-toi face à ton miroir et regarde-toi ! Comment veux-tu t'aimer sans te connaître ? Comment t'apprécier sans te consacrer du temps ? Comment aimer les autres sans t'aimer toi-même ?

Cesse de considérer que tu peux t'oublier sans en payer le prix astronomique, et sans en faire payer le prix aux autres. Il n'y a pas d'autre impératif que de se faire du bien. C'est la seule chose qui compte, ta seule urgence. Et le reste ne sera plus un reste, une liste de choses à mal faire, mais des points de départ, des lignes de force, de construction, d'excitation. Rejoins ton royaume, reprends possession de ton habitation merveilleuse. Arrête de te dissoudre, tu n'es pas un baril d'acide. Arrête de te faire mal comme on t'a fait mal. Traite le mal qu'on t'a fait, abandonne ceux qui t'ont fait du mal, ne poursuis pas le geste de l'agresseur en te maltraitant.

SAUVE-TOI
L'AMOUR
ET
LA PEAU.

Tu vas commencer par t'arrêter de vivre à toute vitesse qui ne t'amène nulle part sauf à t'agiter en creusant tes illusions. Tu commences par t'arrêter.

MÉTHODE : ASSOUPLIR SA COUENNE

ÉTAPE 1. Allonge-toi sur le dos.
ÉTAPE 2. Lâche tes pensées, tes omoplates, ton dos, tes *cojones*.
ÉTAPE 3. Étire un bras, vois jusqu'où il s'étire, vois où ça bloque.
ÉTAPE 4. Tends une jambe, vois jusqu'où elle se lève, vois où ça bloque, sens la fermeté du mouvement, essaye de tenir la jambe en l'air, pas très haut, et d'aller un peu à droite, un peu à gauche.
ÉTAPE 5. Oublie cet exercice en essayant d'effectuer des mouvements en souplesse, en lenteur, en rondeur, comme si tu volais sur un tapis. Comme si tu étais un pandamour en route vers la Jamaïque. Comme si tu déroulais ton corps dans le sens que tu veux, en trouvant le point où ça fait du bien. En bénissant ce moment intérieurement.
ÉTAPE 6. Garde le point où ça fait du bien, où tu sens que des nœuds dans tes épaules commencent à se relâcher.
ÉTAPE 7. Prends une petite balle en mousse (4 euros) que tu places sous tes épaules (pas de prix), sous tes fesses (pas de prix), tes mollets (pas de prix), où tu veux (on n'ira pas voir), et lâche, souffle (inspiration, expiration, rédemption), détends toute cette rigidité (ce béton armé). Deviens panda amoureux (ou louve aimantée). Ferme les yeux (ouvre les oreilles). Dors si tu le souhaites (ou rêve que tu dors). L'exercice est terminé quand tu t'éveilles naturellement (comme une fleur dans une baleine). Et hop !

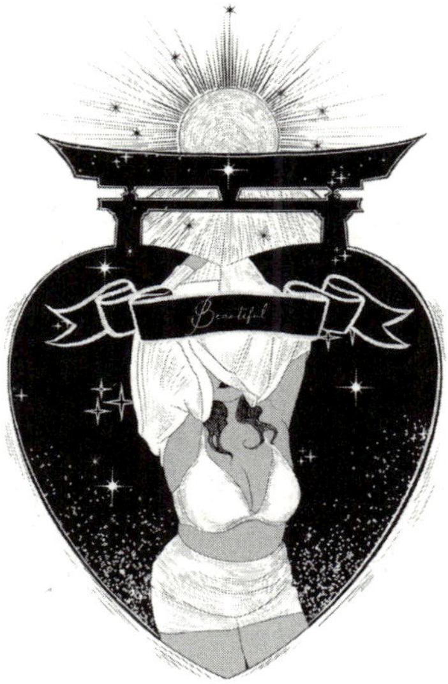

Pratiquer la souplesse avec son corps, c'est rencontrer la fluidité de son esprit, c'est jongler avec ses capacités intellectuelles. Faire circuler les énergies à l'intérieur de soi, en levant un membre, en le tournant, en le ressentant permet de ne pas se tasser, de ne pas s'ankyloser, et ainsi d'étirer l'énergie, de la renouveler. Ton énergie est sacrée. Tu pourrais commencer à te considérer comme une vague au pied agile, et non comme une eau stagnante. Mais la seule souplesse conduirait à la mollesse, à l'hésitation. En restant seulement vague, tu ne vas pas trouver ton ancrage. La souplesse appelle la fermeté. La capacité à faire des choix. Faire des choix avec son corps, c'est être capable soudain de lever un bras fermement, de muscler son corps, de le renforcer, de choisir un aliment plutôt qu'un autre, mais toujours dans le sens de la vague, avec fluidité, pas en tensions, pas en murs.

Un temple est stable, un temple est puissant, un temple est serein. Tu trouveras la sérénité dans le lâcher prise, et l'ancrage avec tes profondeurs. Tu trouveras la stabilité dans la capacité à être traversé par le mouvement. Tu trouveras la puissance de l'équilibre en couplant la fermeté et la fluidité.

Y RÉFLÉCHIR

« SUIS LES VOIES DE L'ART DE LA VAGUE ET DU SABRE, ELLES SONT AU SERVICE DU MOUVEMENT ET DE LA QUÊTE, DE LA DÉMESURE ET DE LA SAGESSE.[11] »

Parlons maintenant de ce que tu vas mettre dans ton corps. Je ne te dis pas de manger sans gluten, ou de te mettre au régime sans poivre, je te dis de lui apporter tout ce qui te fait du bien dans la durée, pas de seulement satisfaire tes pulsions immédiates, je te dis d'écouter et de résonner avec tes profondeurs.

Nous ne mangeons pas que des aliments, nous mangeons du temps. Nous mangeons des souvenirs, des rires et des couleurs, des amours. Nous avons besoin de nourrir notre corps d'autre chose que de nourriture.

En regardant ce qui nous fait du bien, en écoutant ce qui nous fait palpiter, notre cerveau et nos sens s'enrichissent de plénitude. Notre corps n'a pas seulement besoin d'eau et de nourriture, il a besoin de toucher, de vibrer, de regarder pour s'élever, se réconforter, s'embellir. Notre corps-temple a besoin de se relier à plus grand que lui : nature, voyages, émotions fortes. Beaucoup d'entre nous, moi la première, trouvent refuge dans la nourriture, en oubliant

11 La danseuse, chorégraphe et auteure C. Sionnet, *L'Art de la vague et le Sabre*.

trop souvent de se connecter à une nourriture plus spirituelle, plus dense, en considérant son corps non comme un seul organisme mais comme une présence au monde.

Prendre soin de soi au quotidien consiste à reconnecter son corps à des émotions qui font du bien : la beauté. Le toucher. La confiance en soi. La lenteur. La douceur.

Nous n'avons plus de temps à consacrer à la maltraitance, à l'oubli de soi, au mépris de notre corps. Nous avons à nous restaurer, à nous réparer, à nous réapproprier notre corps, à considérer notre vie comme un Grand Amour.

Beautiful

Mon amour

TU ES UNE LETTRE D'AMOUR

IL Y A DES LETTRES QUI NE S'ÉCRIRONT PAS, DES HISTOIRES D'AMOUR QUI N'AURONT JAMAIS LIEU. SOMMES-NOUS SEULEMENT CAPABLES D'OUVRIR NOTRE CŒUR POUR DIRE CE QUE NOUS RESSENTONS ? SANS TRICHER, SANS CHERCHER À SÉDUIRE, OU À MASQUER LA RÉALITÉ ? MAIS DANS LA SEULE URGENCE DE TÉMOIGNER D'UNE VÉRITÉ LA PLUS ESSENTIELLE À NOS YEUX. SOMMES-NOUS PRÊTS À CONSIDÉRER LA PAROLE COMME UN ACTE D'AMOUR ?

Parce que tu es prêt à recevoir et à DONNER, alors tu peux vivre des choses intenses et nourrissantes, tu n'as pas honte de ton cœur. Tu n'as pas peur d'aimer et de le dire. Tu ne crains pas de prononcer des paroles enflammées et juvéniles qui dévoilent ce que tu éprouves. Tu sais combien l'existence est chaotique, fragile, combien tout peut s'effondrer. Tu as conscience du vivant que tu célèbres, en essayant de supprimer toute pensée de honte, de culpabilité et de sacrifice qui n'a plus lieu d'être. Raison pour laquelle tu as laissé tomber les nuisibles, les haineux, les égoïstes qui t'entouraient. Tu tires ta force d'amour de la parole, de ta capacité à exprimer en vérité ce que tu éprouves. Tu es désormais une personne prête à faire du bien à l'autre, car – tu en es convaincue – faire du bien est encore possible en ce monde.

Faire du bien à autrui est possible car tu ne te négliges pas toi-même. Tu as compris que toute relation à l'autre ne doit pas supprimer la relation qu'on se porte à soi-même. Tu te sens le désir de faire du bien à tes amoureuses, amoureux, à tes amis, à toute personne essentielle à tes yeux. Tu sais être là quand il faut. Tu enveloppes les autres de douceur et d'énergie quand tu vois que tes amis traversent une période douloureuse. Tu sais l'importance d'une présence dans les moments difficiles. Tu es présente en cas de coup dur, tu ne te défiles pas.

À partir du moment où on rencontre une personne, on rencontre son visage. On ne peut pas ignorer le visage de l'autre. On ne peut pas ignorer l'existence de l'autre. À partir du moment où on entre en relation avec une personne, on est engagé dans une relation, on devient responsable en adressant une parole à l'autre, en lui répondant. En tenant compte de son histoire, de ses problèmes. On ne peut pas se dérober à la présence de l'autre.

Y RÉFLÉCHIR

« LE VISAGE ME PARLE. QUE FAIRE FACE À CETTE PAROLE, SI CE N'EST RÉPONDRE ? OR, RÉPONDRE À CELUI QUI ME PARLE, C'EST DÉJÀ RÉPONDRE DE LUI (...). L'EXPÉRIENCE D'AUTRUI EST L'EXPÉRIENCE D'UNE RESPONSABILITÉ INFINIE[12]. »

La disposition à faire du bien, c'est être là pour l'autre, autant que pour soi-même. Ce n'est pas s'enfermer dans l'égoïsme, nourrir son ego de calculs et d'intéressements, avec une économie de parole, ou plutôt sans rien donner de sa parole – de son engagement – pour ne déverser jamais que son avarice sur le monde.
Tu aimes les autres, et tu le leur dis ! Tu transmets du réconfort autour de toi, une chaleur sans obligation d'achat, sans exigence de retour, ou de je ne sais quoi qui devrait te revenir, te profiter.

12 Le philosophe E. Lévinas, *Éthique et infini*.

AIMER
N'EST PAS
AIMER
N'EST
PAS
FAIRE
LA
MANCHE.

Je t'aime mais je n'attends rien en retour, je t'aime follement, et moins j'attends quelque chose de toi, et plus les sentiments que je ressens pour toi deviennent forts, à l'opposé de ta carte de crédit.

Je m'aime suffisamment pour ne pas te demander quoi que ce soit en échange. Je ne t'aime pas pour que tu m'aimes. Je t'aime parce que je t'aime. Sans savoir si tu m'aimeras. Je m'en fous. Je t'aime et je te veux heureux, et je te donnerai le maximum de ce que je peux te donner.

On ne fait pas tomber quelqu'un amoureux de soi. On tombe amoureux soi-même, on n'a pas prévu de s'effondrer le cœur, ça ne se réfléchit pas. Et pourtant l'amour inconditionnel est une construction, un muscle à faire travailler pour qui entend célébrer le don, habiter le monde sans rien attendre en retour.

Y RÉFLÉCHIR

« L'AMOUR EST NOTRE VÉRITABLE ESSENCE. (...) NOUS SOMMES TOUS DES PERLES ENFILÉES SUR LE MÊME FIL DE L'AMOUR. ÉVEILLER EN NOUS LA CONSCIENCE DE CETTE UNITÉ ET PROPAGER L'AMOUR QUI EST NOTRE NATURE INTRINSÈQUE, VOILÀ LE VRAI BUT DE L'EXISTENCE HUMAINE.[13] »

Souvent tu retiens tes sentiments, ta parole est constipée.
Tu crains de perdre quelque chose de toi dans cette délivrance. Je vais me perdre. Je vais perdre de moi dans ce que je vais laisser échapper, dans ce que je vais livrer à l'autre. Serais-tu replié dans un coffre-fort ? Tes sentiments seraient-ils des dollars, ton intériorité manquerait-elle de se désintégrer au contact de l'autre, si bien qu'il faudrait la préserver À TOUT PRIX ? Au risque que tu finisses sans le sou ? Demasqué avec tes tripes à l'air ? Un vulnérable, un démuni ?

D'où ta retenue de parole, ton contrôle permanent, cette obsession à faire le taiseux. Dans le contrôle de soi, mon banquier, il y a l'idée de ne pas se retrouver plumé. On dit *garder la parole*, *garder le contrôle*, *garder ses sous*. Lâcher prise avec le contrôle signifie lâcher la prise qui nous retient à notre caca 18 carats. L'image te rentre ?

13 Amma, prêtresse de l'amour inconditionnel.

Parler n'est pas se maîtriser. Ce serait plutôt le contraire. Plutôt libérer des mammouths affamés, assumer leurs balbutiements, leurs maladresses ; en être étonné, apeuré peut-être, mais soucieux de l'audace que nous prenons. Comme s'il s'agissait de se libérer du silence qui nous ronge, nous sépare. Je veux t'aider à sortir la parole du mutisme, en tenant ton axe de vérité.

MÉTHODE : TENIR SON AXE DE VÉRITÉ

ÉTAPE 1. Écris tes désirs, tes envies, sur une feuille de papier. Les voir écrits va te permettre de prendre conscience de ce que tu veux. Cette feuille sera la trace, la matérialité de ton engagement.

ÉTAPE 2. Tes paroles devront entraîner des actions, des réactions quotidiennes. Tu lis et relis tous les jours ce que tu as écrit, et tu orientes ta journée, tu fais des choix en fonction de ce que tu as écrit.

J'étais comme toi, je n'éprouvais aucun amour pour moi. Je me saccageais, me sabordais. Papa. Maman. Papanou. Mimine. Le bulldozer du passé. À quoi cela pouvait-il servir, l'amour ? Non seulement, j'étais incapable d'amour pour moi, et *a fortiori* pour les autres, mais je ne savais pas le recevoir. Je soupçonnais les paroles, les enthousiasmes. Est-ce qu'on payait les gens pour me parler comme ça ? Et pourquoi me disait-on tout cela ? Parce qu'on ne me connaissait pas, on allait bientôt découvrir le tas de fumier que j'étais et on allait s'enfuir. Alors autant s'éviter bien des choses, ne pas tomber dans le miel des sentiments qui allait me filer la gerbe.

Et voilà comment je m'étais *construite* en me passant de la parole des autres, de leur témoignage d'affection. Voilà comment je m'étais *construite* dans une guerre à mener contre soi. Cela, je connaissais. Mais accepter une parole d'amour, risquer de me mettre en lien avec des gens qui pourraient m'aimer ?! Comme toi, peut-être, je luttais de toutes mes forces contre ma vulnérabilité, contre l'expression de mes émotions, contre l'affirmation de moi-même aux yeux de tous. Combattre je savais, mais aimer ?

Et puis, j'ai appris à lentement m'aimer, à goûter aux autres, à avoir envie de les découvrir, à aller chercher – non pas ce qui fracasse, ce qui enlaidit – mais ce qui rend beau. Partout. Même chez ceux qui m'insultent.

On a dit que j'étais un veau, que je ressemblais à un jambon sous cellophane. On a dit que j'étais une fausse fille, que je devrais avoir honte d'un corps pareil car il était immonde, que je n'avais pas le droit de m'assumer. Toute cette débauche de barbaque, et je te passe les merdes fines, le cœur puant, les yeux écrasés, toutes ces ordures que je reçois. Ça surprend toujours mes proches qui me disent : *Lalaa mais tu perds ta* life *à répondre aux crocodiles.* C'est plus fort que moi, quand quelqu'un m'insulte, j'y réponds par de l'intelligence. Une personne me balance que je suis dégueulasse, j'y réponds. J'explique à l'autre l'impact négatif ou positif qu'on a les uns sur les autres. En ne disant rien, je suis victime. En répondant, je peux changer la donne.

À QUI LA FAUTE ?

Tu vas venir avec ton mal-être me dire que je suis ignoble,
infecte, que mon corps est une honte à l'humanité.
Sauf que tu es le 40e de la journée qui me vomit ça.
Je vais croire ce que tu me racontes. Je vais pleurer.
Je vais me sentir mal. Je vais penser au suicide.
Mais je dois me rendre à mon travail. Je vais repleurer.
Je vais repenser à toute cette honte dans ma voiture.
Je vais péter un câble.
Je vais produire un accident avec une autre bagnole,
et je vais tuer toutes les personnes qui étaient dedans.
Il est possible que tous ces gens soient de ta famille.
À qui la faute ? *What else ?* À cause de toi, l'ascenseur va tomber.
Capicio ?

Quand quelqu'un m'insulte, je ne tangue pas. Je remets les choses dans leur contexte. J'explique à l'autre d'où provient son venin intérieur. D'où ça te vient que les gros sont des cochons ?

Y RÉFLÉCHIR

SI QUELQU'UN M'INSULTE, J'Y RÉPONDS PAR DE L'AMOUR.

Et c'est là que ça devient intéressant.
Si jamais tu essayes de maintenir une conversation avec un méchant ou une méchante, dis-lui qu'il est quelqu'un de bien. Montre-lui que tu es rempli d'amour. Donne-lui une dose de *love*. Je ne sais pas pourquoi tu es malheureux comme ça et que tu veux te défouler sur moi.. Tu veux me dire que je suis dégueulasse, parce que ta femme ou ta mère t'a dit que tu étais dégueulasse ? Tu ne mérites pas de câlins ? Bien sûr que si tu les mérites.

Y RÉFLÉCHIR

EN NE RÉPONDANT PAS À LA VIOLENCE PAR LA VIOLENCE, ON GAGNE SON HUMANITÉ.

C'est un peu comme des stratégies de combat chinois. Un jour, tu comprends que le combat se gagne par un non-combat, que tout se dénoue par le sourire, ou l'humour ou la joie. Qu'une parole d'amour peut désarmer un régiment de médiocrité. Nous ne sommes pas là pour subir les laideurs du monde, mais pour ouvrir des portes, pour trouver chez l'autre la clef capable d'ouvrir sa vulnérabilité, sa sensibilité.

Omar Sy pratiquait la même chose quand il vivait dans sa cité et que le monde du cinéma lui claquait la porte au pif parce qu'il était pauvre, anonyme, banlieusard et noir. Eh bien, il souriait fort, encore plus large. Et ça déstabilisait complètement.
C'est cela que je recherche : parler de cœur à cœur, supprimer ces cotons et bétons, ces artifices et armures qui font de toi un manquement à être, une illusion.

Toi qui insultes l'autre, qui passes tes journées à souffler des vomissures, tu souffres tellement toi-même que tu ne repères plus qu'agression en ce monde. Tu utilises les mots de haine pour extérioriser ton malaise. Toute insulte à laquelle tu réponds, à laquelle tu consacres ton énergie, doit te mettre sur la piste de l'insistance.
On attire à soi ce que l'on est.
On attire des miroirs.
On est des miroirs.
Tu ne connais qu'un sentiment.
Tu ne connais que la violence.
Et la violence te rassure.

POURQUOI
CETTE
INSISTANCE
À ÉPROUVER
DE
LA HAINE
POUR
L'AUTRE ?

Pourquoi soudain cette rage que tu justifies par une attitude, un mauvais comportement, une parole inadéquate de l'autre qui n'aurait pas dû ? La rage ne te quitte plus, elle appelle de toi une réaction, une vengeance ? On va lui rabattre le caquet à cette pouffiasse. On va lui faire manger sa mère. On va essorer son cerveau dans les chiottes.
So what ?

Pourquoi cette insistance à la haine et non la capacité à la dissoudre pour en faire des étincelles, des repousses d'amour, un terrain d'affirmation ?

Qu'est-ce que ça raconte de toi cette insistance ?

Je me fous de ce qu'on t'a dit. Ça suffit de me cafter que l'autre a dit ceci qui déshonore ou s'est tenu les yeux comme ça à te rendre fou. Pourquoi ça te rend fou, pourquoi tu es une bombe prête à imploser, voilà la seule chose qui m'intéresse.

Toutes tes vomissures, toute cette violence prête à surgir ne parle que de toi, ne raconte que tes propres frustrations, que tes empêchements à te sortir d'un schéma familial délétère, d'une histoire incomprise.

Souvent, tu désires un homme qui ressemble à ton père, inconsciemment. Une femme qui ressemble à ta mère, inconsciemment.

Y RÉFLÉCHIR

TU AS TELLEMENT SOUFFERT QUE TU RECHERCHES LA SOUFFRANCE EN CE MONDE, CAR ELLE TE RASSURE.

Tu confonds la douleur avec l'amour. *On t'a fait* confondre le malheur avec l'amour. Ceux qui t'ont fait du mal étaient tes référents, tu n'étais qu'une enfant, tu aimais ton père et ta mère. Tu as grandi avec cette image que les référents doivent faire du mal, que c'est leur façon de t'aimer. Tu as mangé cette image, tu l'as *incorporée* dans ton schéma mental. Trente ans plus tard, *inconsciemment*, tu penses qu'aimer signifie recevoir du mal.

Tu as l'impression que tu n'as jamais connu l'amour et que tu ne le mérites pas ? On t'a fait du mal ? On t'a battue ? Violée ?
Et si tu écrivais à ceux qui t'ont massacrée pour leur rendre cette souffrance, pour leur retourner leur histoire ? Pour qu'ils reprennent ce qui leur appartient, afin que tu fasses pour toi le plus grand acte d'amour qui soit ?

Je sais combien les traumatismes nous déchirent, nous déchiquettent.
On se sent fini, perdu, étranger à l'humanité.
On se sent abîmé.
On se sent détruit, en failles et morceaux.
On se sent apeuré, effrayé.
Et pourtant.

Et pourtant, peut-être pourrais-tu commencer par considérer que se donner de l'amour consiste à se désolidariser de la violence de l'agresseur. Ce que tu as vécu ne témoigne que de la violence de l'autre, pas de la tienne. Intolérable, injustifiable et inacceptable. À chaque souvenir du massacre que tu as subi, tu pourrais décider d'une chose que tu vas faire pour toi, même une toute petite chose pour toi.

On ne peut pas oublier ce qu'on a vécu, on ne peut pas supprimer ce qu'il s'est passé, mais on peut écrire, on peut faire sortir toutes ces horreurs. Une des possibilités de survivre à la violence serait de t'en extraire, en *prenant la parole*. Raconte, raconte, raconte. Sors cela de ton corps. Écris des lettres sans avoir besoin de les poster, ou en les postant sur un réseau social si tu en as envie, afin seulement de verbaliser ce qui t'est arrivé, en décidant ou pas de faire lire cette lettre à tes proches.
Écris pour traverser cette souffrance, écris pour te sauver la vie.

LETTRE À MON AGRESSEUR OU RÉCIT DE MON TRAUMA

Beaucoup de choses m'ont tabassée, m'ont perdue. Deuils, violences, trahisons, divorces. Et je suis capable d'en parler, de dire ce que je ressens. Je sais à qui je peux me confier et jusqu'où je veux me confier. Se livrer entièrement, avec une personne de confiance, dans le moment adéquat, est libérateur.

Les lettres d'amour qu'on s'envoie à soi-même ou qu'on envoie aux autres, ce livre que j'écris pour toi, permettent de ne pas être dans le déni de ce qu'on a vécu, incite à formuler les choses, à les voir plus nettement.

Tu as survécu. Tu pourrais commencer à faire des pas. Tu vas y aller doucement, comme une bête lentement revient à la lumière, apprivoisant ceux qui te font du bien, pour progressivement quitter les personnes, les gestes, les attitudes qui te font souffrir.

ON NE CHASSE PAS LE NOIR, ON FAIT ENTRER DU JOUR

Prenons une image. La pièce dans laquelle tu évolues est noire. Tu cauchemardes. Comment faire disparaître cette pénombre ? Ouvre la fenêtre pour faire entrer du jour. La noirceur disparaît proportionnellement au jour que tu laisses entrer dans la pièce. Mettre des mots sur nos maux, accepter de se confier à l'autre, à une amie, un collègue, un psy, c'est faire entrer du jour en soi.

Tu pourrais commencer par t'écrire une lettre d'amour, tu te dirais que tout ce que tu vas écrire se réalisera. Sans tabou, sans limites. C'est ce que j'appelle l'écriture chamanique. La parole performatrice, qui a un effet sur le réel, dans la vie. Quand dire, c'est faire...

DIRE UNE PAROLE, C'EST FAIRE ADVENIR UNE SITUATION.

Si tu crois en la parole, si tu es convaincu que parler, utiliser des mots, n'est pas un jeu de Scrabble, mais revêt une puissance que je qualifierais de magique, parce que tu te relies sincèrement à toi, je te promets que cela arrivera.

LES MOTS NE SONT PAS JUSTE DES MOTS, ILS SONT LES CHOSES ELLES-MÊMES.

La parole est précieuse : je ne te dis pas d'être un moulin à blabla qui débite du caca. Les mots sont vivants. Ne les utilise pas à mauvais escient. Les mots ont le pouvoir de guérir comme celui de détruire. À toi de savoir quel magicien tu veux devenir.

MÉTHODE : COMMENT EXPRIMER SES SENTIMENTS

Ce n'est pas la peine de te précipiter. Laisse-toi porter. Sois naturel. Ne recommence pas à chier dans la colle. Je te parle d'amour. Pas d'un livret A.

ÉTAPE 1. Laisse les émotions te traverser, mais en te donnant une date limite. Tu peux pleurer, crier. Les émotions ne doivent pas gangrener en toi et se transformer en maladies. Tu as le droit d'avoir envie de t'isoler, de partir en retraite spirituelle, ou de te rapprocher de tes amis.

ÉTAPE 2. Écris tes émotions, dépose-les dans un lieu : carnet, téléphone portable, fichier Word.

ÉTAPE 3. Une fois que le calme est revenu en toi, demande un face-à-face avec la personne. Évite le téléphone, ou les SMS pour percevoir les messages corporels de l'autre, afin de rencontrer sa vérité.

ÉTAPE 4. Si tu n'es pas capable d'affronter la personne, écris une lettre, ou un mail. Une lettre peut être longue, elle va s'inscrire dans la durée, elle te laissera le choix de dire tout ce que tu as à dire.

ÉTAPE 5. N'attends rien en retour : exprime tes émotions uniquement pour toi, pour te libérer, pour fermer ou ouvrir une porte.

Toi comme moi voulons notre jauge d'amour. Se sentir aimé. Partir en territoire étranger, éprouver des situations inédites avec l'autre qui fait qu'on ne répète pas névrotiquement son histoire, mais qu'on invente quelque chose de nouveau avec l'autre, qu'on insuffle une marge de liberté. On crée une échappée. Il est temps de nous aimer. Il est temps de faire parler nos cœurs. Il y a différentes manières d'aimer. Peu importe celle que tu choisiras. Des mots, des images, des musiques, il y a différentes façons de parler. Il y a surtout à regrouper tes énergies pour en faire des prières affirmatives, des invocations. La parole est annonciatrice, je te l'ai dit. Celui qui est parlé est entendu. Ce qui est dit se réalisera.

Il y a à te créer ta propre réalité.

MÉTHODE : COMMENT FAIRE UNE PRIÈRE AFFIRMATIVE

ÉTAPE 1. Sois reconnaissant de ce que tu as et de comment tu l'as obtenu : souviens-toi de toutes les étapes, de toutes les épreuves qui t'ont conduit à ce que tu es maintenant.

ÉTAPE 2. Attire à toi ce que ton cœur désire, afin d'arriver à l'étape supérieure de ta vie. N'utilise jamais la négation, formule ce que tu veux de façon très claire. « Je mérite l'amour en abondance. » « Je mérite la richesse en abondance, qu'elle soit matérielle ou émotionnelle. » « Je mérite l'amour » et non « Je ne veux pas qu'il m'abandonne. »

Écris face à la mort. Écris comme si tu n'avais plus que quelques mois à vivre.
À qui aimerais-tu parler ? Que lui dirais-tu ?
C'est de cette urgence à vivre et à aimer dont je te parle.
Moins, c'est de la décoration, du *top coat*. C'est toujours au dernier moment, dans les extrémités qu'on se reconnecte avec son être, et qu'on se sent devenir vivant.

Demander pardon.

Avouer à quelqu'un qu'il nous manque.

Partir vers la parole.

Pétrir la parole.

La mort comme motivation positive. Pas genre : *Je vais mourir. Oh mon Dieu, je vais mourir*. Plutôt : *Viens on dégomme. Viens on arrête de larver dans le canapé. Viens on s'aime.*

Ne pas garder les choses pour soi, cesser de se taire, de nourrir le silence qui fait que tu te sens coupable de la moindre parole.

Tu pourrais commencer par t'écrire une lettre d'amour.

Tout ce que tu penses.

Tout ce que tu sais de toi en vérité. En secret.

Tous tes espoirs, et toutes tes peurs.

Ce que tu voudrais faire pour te sauver la vie.

Même si ça paraît fou, inconvenant, irréaliste. Je m'en tape le frelon. Va vers la parole en rêve.

Écris la lettre la plus intense, la plus urgente qui soit. Puis laisse-la reposer, infuser. Laisse les mots se déposer en toi : laisse-les arriver à destination.

UNE LETTRE D'AMOUR POUR SOI

Tu ne sais pas quoi dire ? Ah oui cela, souvent, je l'entends.

Dis ce que tu penses, c'est la seule chose qui compte, putain ! Mais à quel moment vas-tu te foutre du jugement des autres ?

Y RÉFLÉCHIR

DIRE CE QU'ON FAIT ET FAIRE CE QU'ON DIT.

On veut nous éteindre. Deviens cette femme ou cet homme qui dit ce qu'il pense et qui fait ce qu'il dit. Honnête avec les autres, fiable avec toi. Que celle ou celui qui ne dit rien parce qu'il a peur du conflit se lève. Sentiment. Ressentiment. Tu es la parole. Affirme-la. Fais naître tes opinions en sachant que tu vas déranger les gens. Ouvre des sujets que personne n'aborde.

Je préfère les personnes qui ont des opinions allant à contre-courant des autoroutes. Un jour, j'ai rencontré Sarah qui m'a clairement dit : *Je ne veux pas d'enfant*. Et tout le monde l'a regardée avec un air de désapprobation. Elle n'a pas baissé les yeux, elle a affirmé ses convictions.
Avoir des bébés n'est pas forcément une destinée. Tu n'as pas eu d'enfants. Tu n'as pas voulu adopter. Je ne connais pas ton désir, mais il n'y a pas de hasard. Peut-être fallait-il que tu te focalises sur les autres ? Que tu deviennes professeur ? Que tu enseignes quelque chose aux autres ? On peut adorer les enfants sans en avoir. Tous les enfants jouent avec Aicha, et pourtant elle n'en a jamais eu. Viens, on perce l'abcès. Cette gangrène qui pourrit en toi.

Ne parle pas en hiéroglyphes s'il te plaît. Parle clairement. Apprends à parler. Je n'ai pas dit des mots mâchés, du vocabulaire en otage. Tout ça est une histoire de réciprocité en fait.

PARLE AUX GENS COMME TU AIMERAIS QU'ILS TE PARLENT

L'avenir ?! Taf de merde. Mamadou va à son entretien pour un stage. La nana, directrice des ressources humanoïdes, le juge, lui parle comme de la merde, pas cool, pas humaine. Elle le reçoit très mal. Il termine ses études. Un jour, il se retrouve à un autre entretien d'embauche, cette fois pour un poste à haute responsabilité. Elle se retrouve face à lui. Et là ça fait mal. Elle se sent très conne. Apprenons à dire les choses mais avec intelligence. La parole c'est de la considération pour soi et pour l'autre qu'on répand autour de nous.

Les gens ont tellement peur qu'on les rejette, qu'on ne les aime pas, qu'on pense d'eux qu'ils sont méchants, et ces personnes ne prennent jamais de risques. Ils ont une vie neutre, des bouillies. Tu penses mais tu ne dis rien. Tu fermes ta bouche. Tu fais comme si de rien n'était. Les gens ont peur d'être seuls. Mais tu sais, les hypocrites du monde, ça pète à un moment.

Moi je suis un météorite, je balance.

La parole non dite, ça fait des maladies.

Des MAL A DIT.

Si tu parles, dans ton excès, ou tes maladresses, tu manqueras parfois un peu de tact, tu feras du mal sans le vouloir, mais tu seras honnête. Ce que tu diras, tu le penseras vraiment. Tu veux parler à vif. Ok, mais prends le temps de comprendre ce que tu as à dire, car ta parole a un impact sur le monde.

Mon amour

TU ES LE TALISMAN DU MONDE

APPRENDRE À SE CONNAÎTRE, S'ÉMANCIPER, SE LIBÉRER DE NOS ENTRAVES, MAIS POUR QUOI EN FAIRE ? QUE SERAIT UNE VIE SI ELLE N'ÉTAIT PAS ORIENTÉE VERS LE MONDE ? DEVENIR TALISMAN, C'EST ÊTRE SUFFISAMMENT CONSTRUIT POUR AIDER LES AUTRES, LEUR PERMETTRE DE S'AFFIRMER, DE RÉVÉLER LEUR PUISSANCE. EST-CE QU'ON DÉCIDE DE DÉTRUIRE L'AUTRE

OU DE LE GUÉRIR ? DOIT-ON PASSER SON CHEMIN ? COMMENT FAIRE POUR AIDER LES AUTRES S'ILS NE LE DÉSIRENT PAS ?

Tu as conscience de ta valeur, tu as pratiqué un long et douloureux cheminement. Tu as accepté ton passé. Tu remercies aujourd'hui la nouvelle personne que tu as décidé d'offrir au monde, car, oui, tout travail introspectif qui n'aboutirait pas à l'extérieur serait amputé.

Tu as réussi une journée quand tu as pu faire du bien à quelqu'un, lui enlever un peu de ses poids, de ses ornières. Tu es maintenant capable – sans te foutre en péril – de mettre ton énergie au service des autres, pour qu'ensemble le monde devienne un peu plus beau, meilleur, pour que des énergies, des ondes d'amour se connectent entre elles.

Tu fais les choses pour toi, d'abord, car c'est la seule façon de ne pas revenir à cette pensée du sacrifice, qui de toute façon aurait des conséquences néfastes pour tout le monde. Si on ne se prend pas en charge soi-même, on ne pourra pas être là pour autrui. Dans tout ce que tu fais, tu embarques tes proches avec élan. Tu embarques tes enfants, tes employés, tes amis. Tu prends conscience que se guérir individuellement peut améliorer l'humanité. Ton pouvoir de guérison réside dans ta capacité à transmettre tes expériences, ta sensibilité. Je ne te dis pas d'aider tous les enfants qui meurent de faim, mais d'essayer de toucher déjà une seule personne. De voir comment ton énergie s'embranche avec elle, et comment tu peux rendre la vie de quelqu'un moins ombrageuse, moins triste.

COMMENT METTRE DU PIMENT ET DE LA CACAHUÈTE DANS L'EXISTENCE DES AUTRES ?

Y RÉFLÉCHIR

QUI EST-ON POUR L'AUTRE ? QUEL RÔLE OCCUPONS-NOUS ?

Nous allons pouvoir prendre soin de l'autre par notre présence, notre lumière, notre manière de voir, de sentir et de se comporter. La plupart du temps, les gens ont besoin d'être validés. Ils te disent quelque chose par l'affirmative mais, en réalité, c'est comme s'ils te demandaient l'autorisation de le faire, sans se l'avouer. Ils attendent d'être rassurés sur ce qu'ils viennent de dire, dans ce qu'ils vont faire, c'est humain.

Si tu vas contre leur affirmation, leurs neurones se mettent en état de guerre, les gens sont piqués. Si tu vas dans leur sens – si bien entendu l'idée te paraît pertinente – et j'ai envie de dire que tout est judicieux en ce monde, du moment que c'est le désir de quelqu'un, si tu dis à ces personnes qu'elles ont raison, que c'est une excellente décision, mais pas forcément aussi simplement, alors elles vont mieux. Si tu accompagnes leur élan en finesse, en rebondissant sur un propos qui valide leur décision, leur affirmation d'eux-mêmes va s'en trouver renforcée, leur journée illuminée. Grâce à ce pouvoir de l'affirmation, ils vont se sentir compris. Accueillis. Autorisés. Réaffirmés dans leurs choix.

Y RÉFLÉCHIR

DONNER À L'AUTRE DE SA LUMIÈRE, C'EST AFFIRMER UNE VOCATION SANS PRENDRE EN CHARGE L'AUTRE.

...sans faire les choses à sa place. Seulement en affirmant ses choix, sa puissance d'existence. On s'en fout que les décisions des autres te plaisent, te correspondent. La seule chose qui importe est qu'ils osent être qui ils sont et qu'ils affirment leur rêve au lieu de détruire et de s'autodétruire. La puissance de l'affirmation que tu communiques aux autres, que j'appelle talisman, est redoutable.

Et comment faire avec ces êtres qui nous sont chers, qui ne vont pas bien, pour lesquels nous tentons tout, mais rien n'évolue jamais ? Laissez-moi vous raconter une histoire.
Louane, la meilleure amie de mon éditrice, est malheureuse comme un chien. Elle se sent exclue, maudite. Pendant le confinement, elle a saisi le prétexte qu'il ne fallait plus sortir de chez soi pour ne plus jamais en ressortir. Elle vit recluse dans son ombre, n'arrivant pas à mettre un pied devant l'autre, persuadée qu'elle n'est capable de rien.

Mon éditrice a tout remué pour elle. Des castings. De la musique. Des formations. Des missions. Elle est devenue sa commerciale, lui cherchait des contrats alors que la musique n'est pas son domaine : elle l'a prise en charge... Mais elle refusait son aide. Elle ne prenait pas sa main pour se sortir du marécage. Elle la regardait s'agiter. Écoutait ses paroles, mais rien ne se passait jamais. Était-ce elle le problème ? Était-ce mon éditrice qui ne savait pas s'y prendre ? De quelle tragédie s'agissait-il ?

Y RÉFLÉCHIR

DE QUELLE IMPASSE AVEC AUTRUI FORMONS-NOUS LE PUZZLE ?

Louane est comme sa sœur, son autre cœur. Elle ferait tout pour elle et elle sait qu'elle ne l'abandonnerait jamais. Si elle l'appelle à minuit pour lui dire : *Pourrais-tu m'aider ?* Elle sera chez elle à minuit 15. Mais elle ne l'appelle pas, elle refuse d'être soutenue. Mon éditrice a mis des années à le comprendre. Et même encore maintenant, ça lui fait mal d'en parler. Louane ne désire pas s'en sortir et l'entraîne dans l'impasse.

Quand une personne ne veut pas être aidée, on peut lui témoigner de sa présence. On ne peut pas faire de grandes choses, comme renverser la table, attaquer les entraves, mais on peut être là. Donner de l'affection, rassurer par une présence, un repère. J'ai appris qu'on ne pouvait pas sauver quelqu'un s'il ne voulait pas être sauvé mais qu'on pouvait l'aimer.

Jamais je n'interviendrai auprès d'une amie et de quiconque si la personne ne me demande pas de l'aide explicitement. Si cette amie a besoin de conseils, parce qu'elle estime que j'ai accompli des étapes de vie, en m'en sortant, je les lui donnerai, mais tant qu'elle ne me les demandera pas, je ne les lui donnerai pas. Je resterai son amie, celle qui la fera rire, lui apportera des pots de glace, celle qui l'écoutera pleurer, celle qui regardera avec elle des comédies romantiques juste pour lui changer les idées, celle qui l'emmènera courir sous la pluie et danser sous l'orage, je serai cette amie-là.
Je serai sa présence, son oreille attentive. Mais tant que mon amie ne me dira pas : *J'ai besoin de ton aide*, je n'interviendrai pas.

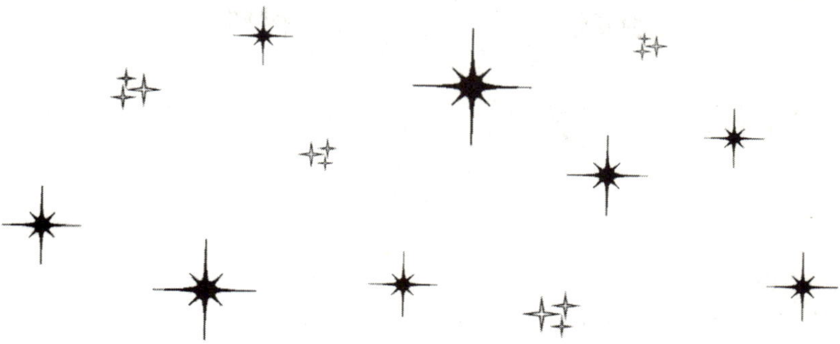

Je la laisserai faire son propre chemin, ses propres erreurs pour apprendre. Car la bienveillance non sollicitée peut détruire un être s'il ne la désire pas. On connaît tous cette bande de sardines qui pensent bien faire pour les autres et qui, sous couvert d'impératifs, expliquent aux autres comment ils doivent vivre, comment ils doivent penser de LEUR POINT DE VUE. Aider quelqu'un oui, mais avant tout respecter ses libertés, ses choix, ses erreurs.

Tombe comme l'enfant doit tomber, relève-toi comme chaque enfant se relève. Je serai là pour t'aider à te relever quand tu auras besoin de moi.
Est-ce que ça m'empêche d'être triste face à la dépression d'une amie ? Non. Ce que je ressens quand cette amie me répète *Je vais m'en sortir* alors qu'elle ne le fait pas encore : j'y crois, je m'accroche au moment où elle s'en sortira. Je fais le choix de maintenir ma présence pour ceux que j'aime, aussi vulnérables soient-ils.

Accepter de voir quelqu'un qui n'en est pas au même stade que vous me semble primordial. Sinon on développe de l'entre-soi, on appartient à la caste de ceux qui ont réussi, qui ignorent les faiblesses des autres, et on finit par mépriser les fragiles, comme si cette vulnérabilité désormais nous était extérieure. On devient puants et vains. Je vais te le redire. Je ne t'aime pas parce que tu es fort ou faible, je t'aime parce que quelque chose en toi me bouleverse.

ÊTRE LÀ.
PRÉSENT.
ÊTRE.
SEULEMENT
ÊTRE.

Un jour une amie qui est une taiseuse me dit : *Lalaa, tes paroles me font du bien*. Où vont mes paroles ? Comment agissent-elles ? Je sais qu'elles peuvent apporter de la chaleur. J'espère que toutes mes paroles infusent et que je suis un talisman d'affection pour mon amie, que je lui apporte mon soleil. La possibilité d'être réchauffée, aimée. En étant moi, j'ai sauvé sa vie ? Quelqu'un n'est pas mort, quelqu'un ne s'est pas foutu en l'air grâce à moi ? Alors, oui, ça vaut le coup.

Attention cependant à l'excès d'empathie au détriment de soi. On ne peut aider les autres que si ce n'est pas trop lourd à porter pour nous. Il ne s'agit pas de prendre les autres sur notre dos pour s'effondrer le kebab quelques kilomètres plus loin.

Le talisman est un soleil mystérieux. Un objet auquel on accorde des vertus magiques. Je vois le talisman comme une allégorie du partage. Dans la vie, les choses sont plus ou moins acquises : l'amour, la santé, l'argent, le travail, pourtant, nous éprouvons tous la même envie de faire advenir le meilleur de nous-même. Un être qui serait plus ouvert, plus généreux. Plus spontané dans la rencontre. Moins méfiant. Capable de partager un repas, un voyage, un projet professionnel. Une meilleure façon d'être. Une forme de solidarité qui dépasse les propensions de notre slip.

Être dans le partage, donner de soi forment un cercle vertueux. Si j'ai un peu de magie, de joie, je peux la transmettre. Elle ne me sera pas enlevée, elle se multipliera, rayonnera.

NOTRE
FORCE
D'AMOUR
CRÉE
UNE ONDE,
L'ONDE
CRÉE
LA RIVIÈRE.

Si je vais bien et que je garde cela pour moi, si je mange un risotto dans ma case, quel intérêt ? Ou alors c'est que j'en suis à cette étape de me bourrer la panse dans mon 18 carats, et il me reste encore beaucoup de taf.
S'embrancher aux autres, s'apporter mutuellement des choses, c'est faire de la vie un feu de joie. Sinon tu demeures têtard, tu n'enfantes pas de grands feux, tu en restes à ta personne, à ton petit pouvoir. Et tu ne feras que renforcer ta petitesse, progressivement, ta soif de dominer les autres va bousiller le monde. Ce n'est pas ce que j'appelle vivre en étant présent au monde, mais exploiter les autres, exercer un pouvoir sur eux.

J'estime que chacun a le devoir de mêler sa lumière à celle des autres, de créer des greffes entre les émotions, les sensibilités différentes. Mettre de la bonne humeur donne envie aux gens de rire, et permet d'évoluer dans de bonnes conditions.

LE
TALISMAN
DEVIENDRA
TALISMAN
SI ON Y
CROIT.

Si on le voit. C'est une croyance. Une vocation. Un viatique qui te guidera vers un cheminement. Une initiation qui fait que le chemin pour devenir cette personne qui fait du bien sans tyranniser l'autre, sans faire passer ses désirs avant ceux des autres, sans juger, est une trajectoire qui prend du temps. Beaucoup de temps. Mais quand tu pars dans cette quête de vie meilleure, peau contre monde, paume de main ouverte, sans volonté de pouvoir sur l'autre, ta lumière irradie sans que tu ne fasses d'effort.

Toi qui as toujours senti que tu aimais les gens, que tu avais autre chose qu'un crachat à offrir au monde, qui veut contribuer à laisser des traces – je ne parle pas de poser tes empreintes à Hollywood – je te parle de laisser une trace à l'humanité, de forger une humanité VIVABLE, alors vas-y. Ce sera maintenant ou jamais.

ON SAIT QUAND LA VIE
COMMENCE,
ON NE SAIT PAS
QUAND ELLE SE TERMINE,
ALORS VIENT,
ON ÉCRIT UNE HISTOIRE
MAGNIFIQUE ENTRE
LES DEUX.
TU ES CAPABLE
DE CRÉER LA RÉALITÉ
QUE TU DÉSIRES,
AUSSI INFINI PUISSE
ÊTRE L'UNIVERS,
TES POSSIBILITÉS
LE SONT AUSSI.
SI TU Y CROIS,
TOUT PEUT SE RÉALISER.

IL Y AURA
DES JOURS AVEC
ET DES JOURS SANS,
NE L'OUBLIE JAMAIS.
MAIS LE PLUS IMPORTANT
EST D'AGIR
AVEC
UN CŒUR SINCÈRE.
UN CŒUR REMPLI
DE CONFIANCE
POUR SOI ET POUR
LES AUTRES. UN CŒUR
OUVERT AUX DIFFÉRENCES.
UN CŒUR CAPABLE
D'APPORTER AU MONDE
LE PLUS PRÉCIEUX :
L'AMOUR.

REMERCIEMENTS

Je remercie Ariane Molkhou, éditrice, d'avoir un jour débarqué dans ma vie alors que je ne m'y attendais pas. Un bonbon d'amour avec les reins solides pour m'avoir supportée et accompagnée dans ce livre.

Je remercie Aurélie Inard dite Lyly, illustratrice, qui a accepté de travailler avec moi. Comme je l'ai toujours dit, le hasard n'existe pas. Elle a commencé en étant une abonnée parmi tant d'autres et, un jour, elle m'a dessinée, et j'ai été touchée par sa sensibilité. C'est comme ça que j'ai pensé à elle pour ces illustrations et suis très fière d'avoir créé cette synergie avec elle.

Je remercie la maison d'édition Hugo pour leur confiance et l'opportunité qu'ils m'ont donnée de toucher les gens.

Je remercie Chadia d'être mon amie, et de m'aider à rendre ce livre visible.

Je remercie aussi tous mes abonnés – ça fait très remise des oscars – de me suivre dans ma folie depuis bientôt dix ans sur les réseaux sociaux.

Je vous remercie vous qui lisez ces quelques mots, que vous me connaissiez ou pas, merci d'être vous, de propager l'amour et d'apporter au monde votre lumière.

JE REMERCIE L'UNIVERS.